Monja Reichert

Mamma Mia!

2000 Redensarten
Deutsch – Italienisch

Anaconda

Die Originalausgabe erschien 2006 unter dem Titel *2000 Redewendungen Deutsch – Italienisch* im Max Hueber Verlag, Ismaning. Lizenzausgabe mit freundlicher Genehmigung des Hueber Verlags, D-85737 Ismaning bei München.

Die Deutsche Nationalbibliothek verzeichnet diese Publikation in der Deutschen Nationalbibliografie; detaillierte bibliografische Daten sind im Internet unter http://dnb.d-nb.de abrufbar.

Umschlagmotiv: Matthias Schwoerer, München
Umschlaggestaltung: Druckfrei. Dagmar Herrmann, Köln
Printed in Czech Republic 2009
ISBN 978-3-86647-399-7
www.anacondaverlag.de
info@anaconda-verlag.de

Vorwort

Wie ungerecht ist es, wenn man Jahre lang Italienisch gelernt hat und eines Tages bei einem Italienurlaub das Gespräch zwischen zwei Italienern mitbekommt, das sich etwa so anhören könnte:
«Ti sei svegliato con la ***luna*** *di traverso? Hai un'aria da* ***funerale****!»*
«Devo rimpiazzare un collega ammalato il fine settimana. Ma volevo il weekend libero e ora ho un diavolo per capello.»
«Dai, conosco i miei ***polli****, non è per il tempo libero che te la prendi così! Sputa il* ***rospo****!»*
«Bè, sabato volevo andare alla partita con Antonio, abbiamo sudato sette camicie per trovare i biglietti...»
*«Ah, qui casca l'****asino****!»*
... und man dabei nur „Mond, Beerdigung, Hähnchen, Frosch und Esel" versteht?
Idiomatische Redewendungen machen eine Sprache lebendig und jeder Einzelne von uns benutzt sie tagtäglich. Schade nur, dass man sie so selten in Lehrbüchern findet. Um diese Lücke zu füllen, gibt es Bücher wie „2000 Redewendungen Deutsch-Italienisch", mit denen man der Sprache des italienischen Gegenüber näher kommt.
Es macht Spaß, in diesem Buch zu entdecken, dass man für einige idiomatische Ausdrücke ein und dasselbe Wort in beiden Sprachen verwendet. So ist eine Sache auch für einen Italiener *né carne né pesce* (weder Fisch noch Fleisch).

Interessant ist es auch festzustellen, dass jemand für die Deutschen „hässlich wie die Nacht" ist, während er in Italien *brutto come la fame* (der Hunger) ist, oder der Deutsche das Handtuch wirft, der Italiener hingegen den Schwamm. Und warum ist man in Italien dumm wie eine Sardine und nicht wie eine Gans? Weil man in Italien gerne in Öl eingelegte Sardinen isst und man diese meist „kopflos" verspeist. Wie sollte eine Sardine also klug sein, wenn sie nicht einmal einen Kopf hat?

Noch spannender wird es bei Ausdrücken, die sich in beiden Sprachen völlig unterscheiden. So schlägt ein Deutscher zwei Fliegen mit einer Klappe, während ein Italiener zwei Tauben mit einer Saubohne fängt. Unerfahrene Deutsche sind grün hinter den Ohren und Italiener haben noch den Mund mit Milch bekleckert.

Diese und andere Redewendungen sind in diesem Buch zu finden. Viele Übersetzungen sind mit Abkürzungen versehen wie: (giur.) juristisch, (prov.) Sprichwort, (volg.) vulgär, (bibl.) biblischen Ursprungs, (antiq.)

veraltet, (pop.) umgangsprachlich. Das Kürzel qc. (qualcosa) steht für etwas, qn. (qualcuno) für jemand. Achten Sie außerdem auf F(alsche) F(reunde)! Beispielsätze zeigen, wie die Redensarten angewendet werden.

Ich hoffe, dass dieses Buch Italienliebhabern hilft, die italienische Sprache besser zu verstehen und ihnen Mut macht, einige dieser Ausdrücke im Gespräch zu verwenden.
An dieser Stelle möchte ich gerne meinen deutschen und italienischen Freunden für ihre Mithilfe bei der Verfassung dieses Buches danken. Insbesondere meiner Mutter Manuela und meinem Freund Luigi, ohne deren außerordentliche Hilfe und immense Geduld dies nicht möglich gewesen wäre.

Monja Reichert

A • von A bis Z
dall'a alla zeta (pop.), dall'inizio alla fine, da cima a fondo, dall'alfa all'omega (bibl.)
Non faranno fatica a spiegare cos'è successo, ormai hanno sentito la storia cento volte e la conoscono dall'a alla zeta.

A • Wer A sagt, muss auch B sagen. (prov)
Quando si è in ballo bisogna ballare. (prov.) / Non fermarsi a metà strada. / Non fermarsi a metà dell'opera.

A • das A und O
l'essenziale
Per fare un buon risotto è essenziale girarlo in continuazione.

Aal • sich winden wie ein Aal
menare il can per l'aia (pop.), girare intorno a una cosa (pop.), ricorrere a sotterfugi, usare stratagemmi, dimenarsi come il diavolo nell'acqua santa (pop.)
Io gli chiedevo una risposta precisa e lui continuava a girarci intorno.

aalen • sich aalen
crogiolarsi al sole, crogiolarsi in una speranza, crogiolarsi a letto
Dopo aver superato l'esame di maturità, passò mesi crogiolandosi sulle spiagge meridionali.

aalglatt • aalglatt sein
essere viscido (pop.) / infido come un'anguilla (pop.)
Non prenderanno mai quel delinquente! E anche se ci riusciranno, troverà il modo per svignarsela, è viscido come un anguilla.

ABC • ein Abc-Schütze sein
essere uno scolaretto (pop.)
E' solo uno scolaretto, ma sa già leggere e scrivere.

abgebrannt • abgebrannt sein
essere al verde (pop.) / a secco (pop.) / all'asciutto (pop.) / agli sgoccioli (pop.) / in bolletta (pop.), non avere il becco (pop.) / l'ombra di un quattrino (pop.), avere le tasche vuote (pop.), essere a corto di denaro (pop.)
Quest'anno non andrò in vacanza, sono completamente al verde e devo rimanere a casa.

abgebrüht • abgebrüht sein
gerissen sein: essere un furbacchione (pop.) / volpone (pop.)
E' un vero volpone, è riuscito a marinare la scuola per due settimane senza che i suoi genitori se ne accorgessero.
gleichgültig/kalt sein: non fare né caldo né freddo
Anche se gli dici le cose in faccia, non gli fa né caldo né freddo, è una persona totalmente insensibile.

abgedroschen • eine abgedroschene Phrase
una frase fatta, un argomento scontato, un luogo comune, un cliché (pop.)
«Si chiude una porta e si apre un portone» è una frase fatta che suona bene, ma non serve a consolare nessuno.

abklappern • alles abklappern
fare il giro dei negozi, battere /passare al setaccio tutti i negozi
Ho fatto il giro di tutti i negozi del centro, ma non ho trovato ciò che cercavo.

Abklatsch • ein Abklatsch von etwas sein
essere una brutta copia / cattiva imitazione / un'imitazione sbiadita
Crede di essere un grande attore, ma è solo una brutta copia del padre.

abkratzen
tirare le cuoia (volg.), lasciarci la pelle (pop.) / le penne (pop.), andare a far terra per i cavoli (pop.)
Purtroppo non sapremo mai dove ha nascosto il bottino: il vecchio ha tirato le cuoia prima di poterlo raccontare.

abnehmen • Das nehme ich dir nicht ab!
Questa non la bevo! (pop.) / Questa non me la dai a bere! (pop.)
«Anche se mi racconti questa storia mille volte, non la bevo!»

Abreibung • eine Abreibung bekommen
ricevere una bella strigliata
im Italienischen meist aktiv: fare il pelo e il contropelo
Il contadino acchiappò i ragazzi che l'avevano derubato e gli fece il pelo e il contropelo.

absahnen
fregarsi il meglio (pop.), ripulire, far man bassa
Anche quest'anno il fisco ci ha ripuliti ben bene con le tasse.

abschminken • Das kannst du dir abschminken!
scordarselo (pop.), cavarselo dalla testa (pop.)
«Cavatelo dalla testa che ti venga a prendere. Sono le tre del mattino!»

abservieren • jmd abservieren
sbarazzarsi / liberarsi di qn.
Mi ha trattenuto per più di due ore, poi finalmente mi sono sbarazzato di lui.

Abstellgleis • aufs Abstellgleis geschoben werden
sich auf dem Abstellgleis befinden: essere / trovarsi su un binario morto
Dopo aver tentato mille soluzioni, capì che si trovava su un binario morto.

Achse • ständig auf Achse sein
essere sempre in giro, girare come una trottola (pop.)
Durante la settimana lavora molto, ma nel weekend gira come una trottola, va da una discoteca all'altra.

achtkantig • achtkantig hinauswerfen
buttar fuori su due piedi (pop.) / senza tanti complimenti (pop.)
Dopo l'ennesimo ritardo il capo l'ha buttato fuori senza tanti complimenti.

ad • ad acta legen
archiviare, passare agli atti (giur.)
Dopo che la storia finì così malamente, cercò di archiviarla il più in fretta possibile.

Adamskostüm • im Adamskostüm sein
essere come mamma l'ha fatto / in costume adamitico / nudo come un verme (pop.)
Sono entrato per fargli una sorpresa e l'ho trovato come mamma l'ha fatto.

Adel • Adel verpflichtet
noblesse oblige (fr.)

Ader • eine Ader für etwas haben
essere nato / portato per qc.
Quella ragazza è nata per la danza.

Adresse • an die falsche Adresse kommen
capitar male / nel posto sbagliato (pop.)
Capì subito di essere capitato male: nessuno parlava la sua lingua o si curava di lui.

Affäre • sich aus der Affäre ziehen
tirarsi fuori da un imbroglio, levarsi dagli impicci
Quando si rese conto della gravità della situazione, cercò subito di tirarsi fuori da quell'imbroglio.

Affe • Mich laust der Affe! → Himmel • Ach, Du lieber Himmel!
Mamma mia! (pop.) / Che mi venga un colpo! (pop.) / Che mi venisse un accidente! (pop.) / Perbacco! (pop.)
Che mi venga un colpo! Non sapevo che tu fossi già tornato dall'Australia!

Affe • einen Affen haben
betrunken sein: avere una scimmia (pop.) / sbornia (pop.), aver alzato il gomito (pop.), essere ciucco (pop.) / sbronzo (pop.)
Dopo quattro aperitivi e 2 litri di vino aveva una sbornia fenomenale.

affengeil
forte (pop.), mitico (pop.), grande (pop.)
Le ragazzine urlanti all'ingresso del teatro gridavano al cantante: «Sei mitico!»

Affenschande • Das ist eine Affenschande!
È proprio uno sconcio! / È una vergogna!

allerhand • Das ist ja allerhand!
<u>tadelnd:</u> Questo è troppo!
<u>anerkennend:</u> Mica male! (pop.)

alles • alles oder nichts
o tutto o niente
Non voglio rinunciare alle vacanze per poter comprare una macchina nuova! O tutto o niente!

allzu viel • Allzu viel ist ungesund.
Il troppo stroppia. (prov.)

Altenteil • sich aufs Altenteil setzen / zurückziehen
ritirarsi dalla vita attiva, andare in pensione
Alla sua età dovrebbe andare in pensione e invece lavora ancora 10 ore al giorno!

Alter • Alter schützt vor Torheit nicht. (prov)
A testa bianca spesso cervello manca. (prov.) / L'età non difende dalla stoltezza. (prov.) / I vecchi matti sono tre volte peggio dei giovani. (prov.)

Amen • Das ist so sicher wie das Amen in der Kirche.
È sicuro com'è vero che sono qui adesso. (pop.) / È sicuro come la messa alla domenica. (pop.) / È sicuro come due più due fanno quattro. (pop.)

anbaggern • jmd anbaggern
abbordare qn.
Oggi succede spesso che siano i ragazzi ad essere abbordati dalle ragazze.

Anblick • kein erfreulicher Anblick sein
essere un brutto spettacolo
E' proprio un brutto spettacolo quel grattacielo in mezzo a tutti i palazzi antichi.

anbrennen • nichts anbrennen lassen
non lasciarsi sfuggire niente, non perdersi nulla
Andarono a quella festa fermamente intenzionati a divertirsi ed a non lasciarsi sfuggire niente.

andrehen • jmd etwas andrehen
appioppare / rifilare qc. a qn.
Comprando da venditori ambulanti succede spesso che qualcuno ti appioppi dei falsi.

anecken • bei jmd / mit etwas anecken
urtare qn. con qc.
Urta tutti con il suo comportamento.

Anfang • Aller Anfang ist schwer. (prov)
Ogni inizio è difficile. (prov.) / Il passo più duro è quello dell'uscio / della soglia. (prov.)

Anfang • der Anfang vom Ende
l'inizio della fine
Il suo ristorante è sempre più spesso quasi vuoto, temo sia l'inizio della fine e fra poco dovrà chiudere.

angebunden • kurz angebunden sein
essere una persona burbera / di poche parole
È una persona di poche parole, ma è sempre molto attento e gentile.

Angelegenheiten • sich um seine eigenen Angelegenheiten kümmern
farsi gli affari propri
Perché mi fai tutte queste domande? Fatti gli affari tuoi!

angenehm • das Angenehme mit dem Nützlichen verbinden
unire l'utile al dilettevole (prov.)
Andare al lavoro in bicicletta passando attraverso il parco è un modo molto piacevole di unire l'utile al dilettevole.

angeschrieben • bei jdm gut / schlecht angeschrieben sein
essere ben / mal visto da qn., (non) essere nelle grazie di qn.
Dopo la sua ultima scenata al ristorante è mal visto in tutto il villaggio.

angewurzelt • wie angewurzelt stehen
rimanere impietriti / paralizzati / di stucco
Quando la terra cominciò a tremare rimase impietrito sulla soglia, incapace di reagire.

Angst und Bange • Da kann einem ja Angst und Bange werden.
avere fifa (pop.) / una fifa blu (pop.) / la tremarella (pop.), farsela sotto dalla paura (pop.), cagarsi sotto dalla paura (volg.)
Se guarda un film dell'orrore è possibile che se la faccia sotto dalla paura!

Angsthase
coniglio (pop.), fifone (pop.)
Sei proprio un fifone se hai paura anche di farti fare un'iniezione!

Anhieb • auf Anhieb
sin dall'inizio / dal primo momento, al primo tentativo / colpo
È proprio fortunato: ha pescato una cernia di 3 kg al primo tentativo.

Annalen • in die Annalen eingehen
entrare negli annali
La sua vittoria lo farà entrare negli annali della corsa ad ostacoli.

Anno • Anno Tobak
ai tempi di mio/a nonno/a (pop.), nella notte dei tempi
Le origini di questa tradizione si perdono nella notte dei tempi.

Anschluss • den Anschluss verpassen
im Sinne von keinen Mann finden: non trovare marito
im Beruf: perdere la coincidenza
Non è capace di rinnovarsi, non ha idee nuove: nel suo lavoro ha ormai perso la coincidenza.

Anstands-Wauwau • den Anstands-Wauwau spielen
reggere il moccolo (pop.)
Quando mia nonna voleva uscire con il fidanzato doveva portarsi sempre dietro la sorellina a reggere il moccolo.

Anstoß • Anstoß an etwas nehmen
scandalizzarsi per qc.
Oggigiorno nessuno si scandalizza più per le coppie gay.

Apfel • in den sauren Apfel beißen (müssen)
(dover) inghiottire / ingoiare una pillola amara (pop.), far buon viso a cattivo gioco (pop.)
Non avrebbe voluto rinunciare a quella vacanza, ma dovette fare buon viso a cattivo gioco.

Apfel • Der Apfel fällt nicht weit vom Stamm. (prov)
Tale il padre, tale il figlio. (prov.) / Buon sangue non mente. (prov.)

Apfel • für n'Appel und n'Ei
per quattro soldi (pop.) / due lire (pop.) / un pezzo di pane (pop.) / una sciocchezza (pop.)
Comprò quel bellissimo armadio al mercatino per quattro soldi.

April • jmd in den April schicken
fare un pesce d'aprile a qn. (pop.)
Gli hanno fatto un pesce d'aprile dicendogli che c'era lo sciopero dei treni e che non poteva partire.

Arbeit • Erst die Arbeit, dann das Vergnügen. (prov)
Prima il dovere, poi il piacere. (prov.)

Ärger • seinen Ärger runterschlucken
reprimere l'ira, trattenere la rabbia, ingoiare il rospo (pop.)
Cercò di trattenere la rabbia vedendo la finestra rotta dai ragazzi con la palla e li rimproverò senza urlare.

Arm • jmd auf den Arm nehmen
prendere in giro qn. (pop.), prendersi gioco di qn. (pop.), farsi beffe di qn. (antiq.), canzonare qn., sfottere qn., prendere per il naso (pop.) / il culo (volg.) / i fondelli (pop.)
Quando lei piangeva per ogni scena commovente del film, tutti la prendevano in giro.

Arme • jmd unter die Arme greifen
dare una mano a qn.
I veri amici sono sempre pronti a dare una mano.

Ärmel • die Ärmel hochkrempeln
mettersi al lavoro di buona lena (pop.), rimboccarsi le maniche (pop.), darci dentro (pop.)
Se vogliamo finire il lavoro in tempo dobbiamo rimboccarci le maniche.

Ärmel • etwas aus dem Ärmel schütteln
fare qc. con estrema facilità
È incredibile con quanta facilità lui riesca a trovare giustificazioni per il suo comportamento.

Arsch • sich den Arsch aufreißen
farsi il culo (volg) / il mazzo (volg.) / un mazzo così (volg.)
Per mettere insieme i soldi per quella vacanza si è fatto un mazzo così lavorando tutta l'estate.

Arsch • sich in den Arsch beißen
mangiarsi le dita (pop.)
Mi sarei mangiata le dita quando mi hanno detto che fantastica occasione avevo perso rifiutando quel lavoro.

Arsch • Er kann mich mal am Arsch lecken.
(im Italienischen wird häufiger die 2. Pers. im Sing. oder Plur. verwendet)
Va' a farti friggere! (pop.) / Va' a quel paese! (pop.) / Va' a farti fottere! (volg.) / Vaffanculo! (volg.)

Arschkriecher • ein Arschkriecher sein
leccare i piedi a qn. (pop.), fare il leccapiedi (pop.) / ruffiano (pop.) / leccaculo (volg.)
Per avere dei bei voti ha sempre fatto il ruffiano con gli insegnanti.

Arschloch • ein Arschloch sein
essere uno stronzo (pop.)
Non ho mai conosciuto uno stronzo come quello.

Art • aus der Art schlagen
neutral: dirazzare
Tutti i loro figli si assomigliano fra loro ad eccezione del più piccolo, ha dirazzato talmente che sembra l'abbiano adottato!
im schlechten Sinne: essere una pecora nera (pop.)
In quella squadra c'è un giocatore che è la pecora nera del gruppo: è sleale, arrogante e litiga sempre con tutti.

Asche • sich Asche aufs Haupt streuen
cospargersi il capo di cenere (pop.), recitare il mea culpa (pop.), fare penitenze
Quando lo rimproveri recita sempre il mea culpa, ma il suo pentimento è di breve durata.

Ast • sich einen Ast lachen
morire dal ridere (pop.), ridere a crepapelle (pop.), crepare / sbellicarsi dalle risate (pop.), reggersi la pancia dalle risate (pop.)
È un film molto divertente, mi ha fatto morire dal ridere.

Ast • Man sägt nicht den Ast ab, auf dem man sitzt. (prov)
Non ci si dà la zappa sui piedi. (prov.) / Non si taglia il ramo su cui si siede. (prov.)

astrein • nicht astrein sein
puzzare di losco (pop.) / qui gatta ci cova (pop.)
I suoi discorsi puzzavano di losco e rifiutai di accompagnarlo a quell'incontro.

Atemzug • bis zum letzten Atemzug
fino all'ultimo respiro
Ti seguirò e ti starò vicino fino all'ultimo respiro.

auf • das Auf und Ab
alti e bassi
Nella vita ci sono sempre alti e bassi, ma quando siamo tristi tendiamo a dimenticarlo.

auffliegen • mit etwas auffliegen
venir smascherato
È stato smascherato un contrabbando di droga nel porto di Genova.

aufgeschoben • Aufgeschoben ist nicht aufgehoben. (prov)
Partita rimandata non è persa. (prov.)

Aufhebens • (nicht) viel Aufhebens von etwas machen
(senza) fare grande scalpore per qc. / molto chiasso intorno a qc.
La notizia dell'arrivo di una troupe cinematografica fece grande scalpore in paese.

auftragen • dick auftragen
sballarle grosse (pop.)
Quando racconta qualche storia le sballa sempre più grosse e ormai nessuno più gli crede.

Aufwasch • in einem Aufwasch machen
in un colpo solo, in una volta sola
Preferisco sbrigare tutti i lavori in una volta sola ed avere poi tanto tempo libero.

Augapfel • etwas / jmd wie seinen Augapfel hüten
custodire qc. come la pupilla dei propri occhi
Custodisce quella macchina come se fosse la pupilla dei suoi occhi, forse l'ama più di sua moglie.

Augapfel • der Augapfel von jmd sein
essere la pupilla degli occhi di qn. (pop.)
Vuole molto bene alla sua nipotina: è la pupilla dei suoi occhi.

Auge • Aus den Augen, aus dem Sinn. (prov)
Lontano dagli occhi, lontano dal cuore. (prov.) / Occhio non vede, cuore non duole. (prov.)

Auge • mit einem blauen Auge davonkommen
scamparla bella (pop.), cavarsela con poco (pop.)
È stato un brutto incidente, ma per fortuna se l'è cavata con poco, solo qualche graffio.

Auge • das Auge des Gesetzes
l'occhio della legge (pop.), il lungo braccio della legge (pop.)
Per anni ha terrorizzato gli abitanti con i suoi crimini, ma finalmente il lungo braccio della legge lo ha raggiunto.

Auge • ins Auge gehen
andare storto (pop.)
C'è mancato poco che la cosa andasse storta.

Auge • Auge um Auge, Zahn um Zahn.
Occhio per occhio, dente per dente. (bibl.)

Auge • ein Auge zudrücken
chiudere un occhio, farla passare liscia a qn. (pop.)
La polizia chiude spesso un occhio quando si tratta di multare un turista straniero.

Auge • kein Auge zutun
non chiudere occhio
Il mal di denti non mi ha fatto chiudere occhio tutta la notte.

Augen • unter vier Augen
a quattr'occhi (pop.), a tu per tu (pop.)
«Vorrei parlare con te, a quattr'occhi, di una faccenda delicata.»

Augen • sich die Augen ausweinen
versare fiumi di lacrime (pop.), piangere come una fontana (pop.)
La poverina ha pianto come una fontana quando ha saputo della morte della sua amica.

Augen • jmd schöne Augen machen
fare l'occhio languido / di triglia a qn., fare gli occhi dolci a qn. (pop.)
Lui le fa sempre gli occhi dolci, ma lei non si lascia commuovere e nemmeno lo saluta.

Augen • die Augen sind größer als der Magen
avere gli occhi più grandi dello stomaco (pop.)
Pensava di avere tanta fame, ma poi ha lasciato buona parte del cibo nel piatto. Ha proprio gli occhi più grandi dello stomaco!

Augen • aus den Augen verlieren
perdere di vista
Non la vedo più da anni, dopo l'università ci siamo perse di vista.

Augen • schwarz vor Augen werden
sentirsi svenire
Il colpo fu così forte che si sentì svenire dal dolore.

Augenweide • eine Augenweide sein
essere un incanto degli occhi, essere una gioia / delizia per gli occhi
Guardare la campagna a primavera è una gioia per gli occhi.

August • den dummen August spielen
fare il pagliaccio (pop.) / buffone (pop.)
Quando ha bevuto un bicchiere di troppo fa sempre il buffone.

ausbaden • etwas ausbaden müssen
pagare le conseguenze / il fio / lo scotto di qc.
Ci ha cacciati in un bel pasticcio, ora dobbiamo pagarne lo scotto.

ausbrüten
covare qc.
I ragazzi stavano covando qualcosa per vendicarsi della loro insegnante.

Ausgeburt • eine Ausgeburt der Hölle sein
essere cattivo come il diavolo (pop.) / la cattiveria in persona
Quel criminale è cattivo come il diavolo.

ausgeschissen • wie ausgeschissen aussehen
avere un aspetto terribile
«Dio mio, ma cos'è successo? Hai veramente un aspetto terribile!»

Ausnahme • Ausnahmen bestätigen die Regel. (prov)
L'eccezione conferma la regola. (prov.)

auspacken • auspacken (mit der Sprache herauskommen)
vuotare il sacco (pop.), cantare (pop.), sfilare il rosario (pop.)
Il ladro ha vuotato il sacco e ha confessato i nomi dei complici.

Ausrede • nie um eine Ausrede verlegen sein
avere sempre una scusa pronta
I bambini hanno sempre una scusa pronta quando non vogliono andare a letto.

aussteigen • aussteigen / ein Aussteiger sein
cambiare vita, staccare la spina, ritirarsi dalla società
Spesso si è così stressati e stanchi che si desidera cambiare vita e rifugiarsi a vivere in campagna.

außer • (vor Wut, vor Entsetzen) außer sich sein
essere fuori di sé (dalla rabbia, dal terrore) (pop.)
Era così fuori di sé dalla rabbia che la picchiò a sangue.

Axt • sich wie die Axt im Walde benehmen
essere / muoversi / comportarsi come un elefante in un negozio di porcellane (pop.), avere la delicatezza di un pachiderma
Si comportò come un elefante in un negozio di porcellane ed offese tutti quelli che lo stavano ad ascoltare.

Backpfeife • jmd eine Backpfeife geben
dare una sberla (pop.) / sventola (pop.) / un ceffone (pop.) / uno scappellotto a qn. (pop.)
Mi ha risposto così male che stavo per dargli un ceffone.

baden • als Kind zu heiß gebadet worden sein
aver sbattuto la testa da piccolo (pop.)
Non ho mai conosciuto un tizio più stupido di quello, deve aver sbattuto la testa da piccolo.

Bahn • sich Bahn brechen
farsi strada (pop.), affermarsi
Te l'avevo detto che grazie alle tue capacità ti saresti fatto strada nel mondo del lavoro.

Bahn • auf die schiefe Bahn geraten
uscire di strada (pop.), finire sulla cattiva strada (pop.)
Cominciò con il frequentare cattive compagnie, lasciò la scuola e in breve finì sulla cattiva strada.

Bahn • aus der Bahn geworfen werden
venir sbilanciato
Quell'informazione era così incredibile che mi ha completamente sbilanciato.

Bahnhof • nur Bahnhof verstehen
non capire un'acca (pop.) / un tubo (pop.)
Non ho capito un'acca di quello che ha detto.

Balken • lügen, dass sich die Balken biegen
spararle grosse (pop.)
Quella volta la sparò veramente grossa raccontando di esser stato campione europeo di nuoto.

Balken • den Balken im eigenen Auge nicht sehen
Guardare la pagliuzza nell'occhio altrui e non vedere la trave nel proprio. (bibl.)

Band • am laufenden Band
a getto continuo, ininterrottamente
«Scusami se ho fatto tardi, ma sono passato dal fruttivendolo e lo sai che parla a getto continuo.»

Bandagen • mit harten Bandagen kämpfen
lottare con ogni mezzo
Hanno lottato con ogni mezzo per difendere la loro posizione.

Bände • Sein Gesicht sprach Bände.
la sua faccia dice tutto (pop.)
Antonio non ha avuto bisogno di mentire perchè la sua faccia diceva già tutto.

Bank • durch die Bank
tutti quanti, senza eccezione, nessuno escluso
«Adesso sarete puniti per quello che è successo, tutti quanti, nessuno escluso!»

Bank • etwas auf die lange Bank schieben
tirare qc. per le lunghe (pop.)
Ho tirato tanto per le lunghe quel lavoro finché è diventato troppo tardi.

Bann • jmd in seinen Bann ziehen
incantare qn.
Ogni sera la nonna ci incantava con le sue favole senza tempo.

Bärendienst • jmd einen Bärendienst leisten
rendere un cattivo servizio a qn.
Ha voluto riparare lui il televisore, ma mi ha reso un cattivo servizio perché adesso funziona peggio di prima.

Bärenhunger • einen Bärenhunger haben
avere una fame da lupi (pop.), non vederci più dalla fame (pop.)
Da piccolo passavo intere giornate al mare. Quando tornavo a casa ero stanchissimo e avevo una fame da lupi.

Bart • jmd um den Bart gehen
essere tutto miele con qn. (pop.), fare mille moine a qn. (pop.), lisciare qn.
Ogni volta che doveva chiedermi un favore, Valentina diventava tutto miele.

Bart • einen Bart haben
avere la barba lunga (pop.)
Questa barzelletta ha la barba lunga, ormai la conoscono tutti.

Bart • Der Bart ist ab!
Adesso basta! (pop.) / Il gioco è finito! (pop.) / Lo scherzo è finito! (pop.)

Batzen • ein schöner Batzen (Geld)
una bella cifra (di soldi) (pop.), una montagna di soldi (pop.)
Il computer nuovo mi è costato una bella cifra, ma ne è valsa la pena.

Bauch • sich den Bauch vollschlagen
riempirsi lo stomaco / la pancia (pop.), fare una spanciata di qc. (pop.)
Ieri sera ci siamo fatti una spanciata di tagliatelle al ragù.

bauen • auf jemand bauen können
poter contare su qn.
È un amico, so di poter sempre contare su di lui.

Bauer • Die dümmsten Bauern haben die größten (dicksten) Kartoffeln!
La fortuna sorride agli stolti. (prov.) / Vale più un'oncia di fortuna che una libbra di sapere. (prov.)

Baum • zwischen Baum und Borke stehen
essere fra due fuochi (pop.) / fra incudine e martello (pop.)
Sua moglie vuole una vacanza tranquilla e gli amici l'hanno invitato per un Safari, è veramente fra due fuochi perché vorrebbe andare con gli amici, ma non vuole deludere la moglie.

Bausch • in Bausch und Bogen
del tutto, completamente, in blocco
Ha respinto in blocco la mia proposta.

Becher • zu tief in den Becher geguckt haben
aver alzato il gomito (pop.)
Ieri sera abbiamo alzato tutti il gomito alla festa e stamattina ho un mal di testa feroce.

bedeppert
intontito
Con questo raffreddore mi sento tutta intontita.

Begriff • schwer von Begriff sein
essere duro di comprendonio
Bisogna dirgli le cose sempre tre volte, è proprio duro di comprendonio.

beieinander • gut beieinander sein
in Form sein: essere / sentirsi in forma (pop.)
L'ho rivisto dopo tanti anni e l'ho trovato veramente in forma.
beleibt sein: essere in carne (pop.)
Ha messo su qualche chilo e adesso è ben in carne.

Beigeschmack • einen (bitteren) Beigeschmack haben
lasciare la bocca amara, avere un sapore amaro
Quella commedia ci ha lasciato la bocca amara perché conteneva delle tristi verità.

Bein • sich kein Bein ausreißen
prendersela comoda (pop.)
Nonostante sapesse che il lavoro era urgente se l'è presa comoda e ha dormito tutto il giorno.

Bein • etwas ans Bein binden
prendersi un bell'impegno (pop.) / una gatta da pelare (pop.)
Accettando quell'incarico si è preso una bella gatta da pelare.

Bein • mit dem falschen / verkehrten Bein aufgestanden sein
svegliarsi con la luna di traverso (pop.)
«Credo proprio che tu sia di cattivo umore oggi! Ti sei svegliato con la luna di traverso?»

Bein • Auf einem Bein kann man nicht stehen. (prov)
beim Trinken: Vogliamo bissare? (pop.)
«Vogliamo bissare? Questo giro l'offro io!»

Bein • jmd ein Bein stellen
fare lo sgambetto a qn. (pop.)
Pensava di diventare direttore della banca, ma l'ultimo arrivato gli ha fatto lo sgambetto e lo è diventato al posto suo.

Beine • mit beiden Beinen auf der Erde (im Leben / auf dem Boden der Realität) stehen
avere i piedi piantati per terra (pop.)
È molto giovane ed inesperta, ma ha i piedi ben piantati per terra e ha un lavoro di grande responsabilità.

Beine • immer wieder auf die Beine fallen
cadere (sempre) in piedi
È un uomo fortunato, nonostante i tanti errori cade sempre in piedi.

Beine • sich die Beine in den Bauch stehen
mettere radici (pop.), aspettare un'eternità (pop.)
Per fare i biglietti per la partita Juve-Inter hanno aspettato un'eternità davanti allo stadio.

Beine • die Beine in die Hand nehmen
darsela a gambe (pop.), tagliare la corda (pop.), alzare i tacchi (pop.), darsi alla fuga (pop.), fuggire a gambe levate (pop.), mettersi le gambe in spalla (pop.), svignarsela (pop.)
Quando hanno visto arrivare la polizia, i ladri hanno subito tagliato la corda e sono spariti nel buio.

Beine • wieder auf die Beine kommen
rialzarsi, ristabilirsi
Dopo un mese in ospedale, il motociclista si è finalmente ristabilito ed è risalito in sella.

Beine • jmd Beine machen
fare fretta a qn.
Gli devo fare fretta per avere finalmente i miei soldi dell'assicurazione.

Beine • früh auf den Beinen sein
essersi alzato di buon'ora (pop.)
Quando avevamo il bar in piazza, ci dovevamo alzare tutte le mattine di buon'ora, anche la domenica!

Beispiel • mit gutem Beispiel vorangehen
dare il buon esempio
I genitori dovrebbero dare sempre il buon esempio.

beißen • die Farben beißen sich
fare a pugni (pop.)
«Mamma mia, i colori dei suoi vestiti fanno sempre a pugni. Che sia daltonico?»

bemänteln • etwas bemänteln
<u>beschönigen:</u> abbellire
<u>geheim halten:</u> tener segreto
Ha tenuto segreto per anni alla figlia il fatto che era stata adottata.

berauschend • nicht berauschend sein
non essere un granché (pop.)
Ieri sono stata al cinema, il film non era male, ma non era neanche un granché.

Berg • Wenn der Berg nicht zum Propheten kommt, muss der Prophet zum Berge gehen. (prov)
Se la montagna non va a Maometto, Maometto andrà alla montagna. (prov.)

Berg • über den Berg sein
aver superato il peggio
Possiamo andarla a trovare in ospedale, ormai ha superato il peggio e non è più nel reparto di terapia intensiva.

Berg • über alle Berge sein
essere molto lontano
Quando arrivò la polizia, i ladri erano ormai molto lontano.

Berg • goldene Berge versprechen
promettere mari e monti (pop.)
Lui le prometteva mari e monti per convincerla a sposarlo, ma non ha mantenuto nemmeno una promessa.

bergab • mit jmd / etwas geht es bergab
qc. / con qn. va peggiorando / a rotoli (pop.)
Da quando c'è il nuovo allenatore la squadra va peggiorando a vista d'occhio.

bergauf • mit jmd / etwas geht es bergauf
qc. / con qn. va migliorando
La sua salute va migliorando ogni giorno e presto uscirà dall'ospedale.

Bescherung • eine schöne Bescherung
È un bel pasticcio!

Beschreibung • (Die Zustände) spotten jeder Beschreibung.
essere indescrivibile
Le condizioni nelle prigioni di quel paese erano indescrivibili.

Besen • Da fress ich einen Besen.
Ci scommetto la testa. (pop.) / Mi mangio il cappello. (pop.)

Besen • Neue Besen kehren gut. (prov)
Scopa nuova scopa bene. (prov.) / Granata nuova spazza bene tre giorni. (antiq.)

Besenstiel • einen Besenstiel verschluckt haben
aver ingoiato il manico della scopa (pop.)
Cammina così impettita che sembra aver ingoiato il manico della scopa.

besorgen • Was du heute kannst besorgen, das verschiebe nicht auf morgen. (prov)
Non rimandare a domani quel che puoi fare oggi. (prov.) / Chi ha tempo non aspetti tempo. (prov.)

besser • Besser spät als nie. (prov)
Meglio tardi che mai. (prov.)

bestellen • wie bestellt und nicht abgeholt
come un cane bastonato (pop.), con un'aria abbattuta (pop.)
Quando sono arrivata a casa l'ho trovato ad aspettarmi sotto il portone come un cane bastonato.

Bett • sich ins gemachte Bett legen
trovare la pappa pronta (pop.) / scodellata (pop.) / la minestra bell'e pronta (pop.)
Quando ci ha raggiunto avevamo praticamente finito il lavoro e ha trovato la minestra bell'e pronta.

Bettelstab • jmd an den Bettelstab bringen
ridurre qn. sul lastrico, rovinare qn.
Soddisfare i capricci di quella donna lo ha ridotto sul lastrico.

betten • Wie man sich bettet, so liegt man. (prov)
Come uno si fa il letto, così dorme. (prov.) / Come si semina, si raccoglie. (prov.) / Chi è causa del suo mal pianga se stesso. (prov.)

betucht • gut betucht sein
avere dei mezzi, essere benestante
I genitori di Tommaso non sono ricchissimi, ma benestanti e possono permettersi delle belle vacanze.

biegen • auf Biegen und Brechen
ad ogni costo
«Dobbiamo finire questo lavoro ad ogni costo entro mercoledì. Diamoci da fare!»

Bier • etwas wie saures Bier anbieten
cercare di rifilare qc.
Se cerchi una bella bicicletta non andare in quel negozio, lì cercano sempre di rifilarti dei vecchi catorci a prezzi altissimi.

Bierkutscher • fluchen wie ein Bierkutscher
bestemmiare come un turco (pop.)
Ogni volta che si arrabbia con il figlio bestemmia come un turco.

Bild • Das ist ein Bild für die Götter.
fare una figura piuttosto grottesca / strana
Con il suo modo di fare ed il suo linguaggio ha fatto una figura molto strana.

Bild • Setz mich mal ins Bild.
Tienimi informato.

Bild • sich selbst ein Bild von etwas machen
farsi un'idea (pop.) / un quadro di qc. (pop.)
Il presidente è partito per le zone alluvionate per farsi un'idea della situazione.

Bildfläche • von der Bildfläche verschwinden
sparire nel nulla (pop.)
L'ho cercata per ore, ma sembrava essere sparita nel nulla.

Bindfäden • Es regnet Bindfäden.
piovere a catinelle (pop.)
È agosto, ma sono quasi tre settimane che piove a catinelle. Non ne posso più!

Binsen • in die Binsen gehen
andare in fumo (pop.) / a monte (pop.), finire in una bolla di sapone (pop.), sciogliersi come neve al sole (pop.)
La festa è andata in fumo perché sono andati tutti a vedere la partita.

Binsen • Binsenwahrheit
verità lapalissiana (pop.)
È una verità lapalissiana che un quarto d'ora prima di morire fosse ancora vivo.

Bissen • ein fetter Bissen sein
essere un grande affare (pop.) / bel colpo (pop.)
Comprare quella casa all'asta è stato proprio un bel colpo.

Blatt • Das Blatt hat sich gewendet.
Il vento è cambiato.

Blatt • ein unbeschriebenes Blatt sein
essere un'incognita
Il nuovo arrivato è un'incognita, non sappiamo come reagirà alla nostra proposta.

Blatt • kein Blatt vor den Mund nehmen
non avere peli sulla lingua (pop.)
Il mio ragazzo non ha peli sulla lingua, dice sempre ciò che pensa, anche se in certe situazioni non sarebbe il caso.

blau • eine Fahrt ins Blaue machen
fare una gita (senza meta) (pop.) / una scampagnata (pop.)
Ho lavorato duramente tutta la settimana e ora non vedo l'ora di fare una scampagnata.

blau • blau machen
fare vacanza (pop.)
Oggi non ho voglia di lavorare, faccio vacanza.

blauäugig
credulone (pop.)
Filippo si pentì di esser stato così credulone e di aver accettato quel lavoro. Doveva immaginare che con un lavoro onesto non avrebbe mai potuto guadagnare così tanti soldi.

blechen • blechen müssen
dover sborsare (pop.)
È una bellissima macchina, ma ho dovuto sborsare una montagna di soldi per comprarla.

Blick • mit Blicken durchbohren
trafiggere con lo sguardo
Quando ho detto che non ero d'accordo, mi ha trafitto con lo sguardo.

Blick • einen Blick hinter die Kulissen werfen
dare un'occhiata dietro le quinte
La vita delle star del cinema non è così affascinante come sembra, basterebbe dare un'occhiata dietro le quinte per accorgersene.

Blick • keines Blickes würdigen
non degnare qn. di uno sguardo
Appena scoprirà che in realtà non hai un soldo, Alessandra non ti degnerà più di uno sguardo.

blind • Unter den Blinden ist der Einäugige König. (prov)
In terra di ciechi il monocolo è re. (prov.) / Nel regno dei ciechi anche un guercio è re. (prov.) / In terra di ciechi beato chi ha un occhio solo. (prov.)

Blitz • wie ein geölter Blitz
come un lampo (pop.)
Quando vide il ladro che stava scassinando la sua macchina, corse giù al parcheggio come un lampo.

Blitz • wie ein Blitz aus heiterem Himmel
come un fulmine a ciel sereno (pop.)
La notizia mi giunse come un fulmine a ciel sereno, non me l'aspettavo proprio.

Blitz • wie vom Blitz getroffen
restare di sale (pop.) / stucco (pop.)
Restai di stucco apprendendo della sua morte, era così giovane.

Blitzesschnelle • in Blitzesschnelle
in un lampo (Verbreitung einer Nachricht usw.) (pop.)
La notizia del suo arrivo si diffuse in un lampo nel quartiere e organizzarono subito una festa di benvenuto.

blond • ein kühles Blondes
una chiara (pop.)
Dopo la partita Antonio m'invitò in birreria per festeggiare la vittoria con una bella chiara alla spina.

Blöße • sich keine Blöße geben
non fare una figuraccia (pop.) / brutta figura (pop.)
Poiché non si sentiva all'altezza del compito, mandò un collega al suo posto per non fare una figuraccia.

Blücher • rangehen wie Blücher
mettersi di punta (pop.)
Si è messa di punta per consegnare il lavoro in tempo e c'è riuscita.

Blume • durch die Blume sagen
dire qc. velatamente
Dicendogli di dimagrire di qualche chilo gli ho detto velatamente che era un po' cicciottello.

Blumentopf • keinen Blumentopf mit etwas gewinnen können
non cavare un ragno dal buco (pop.)
Dobbiamo trovare un'altra soluzione al problema; in questo modo non caviamo un ragno dal buco.

Blut • Nur ruhig Blut!
Calma e sangue freddo! (pop.)

Blut • blaues Blut haben
avere sangue blu, essere di sangue blu
Oggigiorno essere di sangue blu non porta più i vantaggi di una volta.

Blut • das Blut in Wallung bringen
far ribollire il sangue (pop.)
Veder maltrattare vecchi e bambini mi fa ribollire il sangue.

Blut • böses Blut machen
suscitare malcontento
La decisione di aumentare il prezzo del carburante ha suscitato un forte malcontento tra la popolazione.

Blut • Blut ist dicker als Wasser. (prov)
Il sangue non è acqua. (prov.)

Blut • Blut und Wasser schwitzen
sudare sangue (pop.)
Mio nonno diceva sempre che per fare carriera ai suoi tempi bisognava sudare sangue.

Bock • einen Bock haben / bockig sein
essere testardo (pop.) / ribelle
È un bambino molto ribelle, fa sempre come vuole lui.

Bock • Null Bock haben
non avere nessuna voglia (pop.)
Mi hanno invitato al cinema, ma stasera non ho nessuna voglia di uscire.

Bockshorn • jmd ins Bockshorn jagen
impaurire / intimidire qn.
La pistola puntata li ha impauriti e sono scappati senza rubare nulla.

Boden • jmd den Boden unter den Füßen wegziehen
togliere la terra sotto i piedi a qn. (pop.)
Gli hanno tolto la terra sotto i piedi facendogli chiudere il bar. Ora non sa più come tirare avanti.

Bogen • den Bogen überspannen
tirare troppo la corda (pop.)
Ha tirato troppo la corda con le sue insistenze ed ora tutti sono in collera con lui.

Bogen • einen großen Bogen um jmd machen
girare alla larga da qn. (pop.)
Quando vedo delle brutte facce davanti a quel bar giro alla larga.

Bohnenstroh • dumm wie Bohnenstroh sein
avere il cervello come le acciughe (pop.), non avere sale in zucca (pop.)
Ha già ripetuto tre classi, non ha proprio sale in zucca.

Bombe • wie eine Bombe einschlagen
colpire come un fulmine a ciel sereno (pop.)
La notizia della sua morte ci ha colpiti come un fulmine a ciel sereno.

Bombe • eine Bombe platzen lassen
far scoppiare una bomba (pop.)
Rivelando quelle notizie il giornalista ha fatto scoppiare una bomba in Parlamento.

Bombengeschäft
affare d'oro (pop.)
Con l'acquisto del bar sulla spiaggia hanno fatto un affare d'oro, è sempre affollato.

Boot • in einem Boot sitzen
stare sulla / nella stessa barca (pop.)
È inutile litigare fra noi, tanto stiamo tutti nella stessa barca.

Bord • (gute Vorsätze) über Bord werfen
gettare in mare (pop.) / al vento (pop.)
Aveva deciso di smettere di fumare, ma vedendo il pacchetto sul tavolo ha gettato in mare tutte le sue buone intenzioni.

Braten • den Braten riechen
mangiare la foglia (pop.), aver sentore di qc.
Non c'è bisogno che ti nascondi davanti ai tuoi genitori, tanto ormai hanno mangiato la foglia e sanno benissimo che hai lasciato il lavoro.

Brechmittel
una persona insopportabile, un fetente (volg.)
Passare una serata con lui è una tortura perché è una persona insopportabile.

Brei • (nicht) um den heißen Brei herumreden
(non) girare attorno a qc. (pop.)
«Dai, sputa il rospo! Non girarci tanto attorno, voglio sapere la verità.»

breitschlagen • sich breitschlagen lassen
farsi convincere
Mi sono fatta convincere ad andare al cinema con loro, ma sinceramente non ne ho per niente voglia.

Brennpunkt • im Brennpunkt stehen
essere al centro dell'attenzione
Le notizie sull'arrivo dell'uragano erano al centro dell'attenzione generale.

Bresche • in die Bresche springen
für jemanden Partei ergreifen: prendere partito per qn.
Quando i genitori bisticciavano i bambini prendevano sempre partito per la mamma.
für jemanden einspringen: rimpiazzare / sostituire qn.
Ieri ho rimpiazzato il professore di storia che era ammalato.

Brett • ein Brett vorm Kopf haben
einen Blackout haben: avere un vuoto di memoria (pop.)
Quando il professore mi ha interrogato, ho avuto un vuoto di memoria e non ho saputo rispondere.
begriffsstutzig sein: essere duro di comprendonio
«Ti devo ripetere tutto tre volte, ma sei proprio duro di comprendonio!»

Brief • Dafür / darauf gebe ich dir Brief und Siegel.
Te lo assicuro / garantisco.
«No, no, questo computer non è usato, è nuovo di zecca, te lo assicuro.»

Brille • (alles) durch die rosarote Brille sehen
vedere tutto il mondo dipinto di rosa (pop.), vedere tutto rose e fiori (pop.)
La vita di coppia non è così facile come la vedi tu che sei innamorato e vedi tutto dipinto di rosa.

Brillenschlange • eine Brillenschlange sein
essere un quattr'occhi (pop.) (Beleidiung)
«Ehi, quattr'occhi! Cos'hai da guardare?»

Brocken • ein harter Brocken sein
essere un osso duro (pop.)
L'esame di matematica è un osso duro e dovrò studiare giorno e notte per superarlo.

Brot • sein Brot (seine Brötchen) verdienen
guadagnarsi il pane (pop.)
Ha cominciato a guadagnarsi il pane quando aveva solo 18 anni.

Brücken • jmd goldene Brücken bauen
far ponti d'oro a qn. (pop.)
Per avere quell'attrice nel suo cast, il regista le fece ponti d'oro, ma lei non accettò quella parte.

Brücken • alle Brücken hinter sich abbrechen
tagliare / bruciare i ponti (pop.), bruciarsi i ponti alle spalle (pop.)
Dopo essersi separata da suo marito, ha bruciato i ponti e ha iniziato una nuova vita.

Brüder • Gleiche Brüder, gleiche Kappen. (prov)
tutti uguali nei diritti e nei doveri
Ogni simile ama il suo simile. (prov.)

Brust • aus voller Brust
a pieni polmoni (pop.), a squarciagola
Alla partita decisiva del campionato i giocatori hanno cantato l'inno nazionale a pieni polmoni.

Brust • sich jmd zur Brust nehmen
sich jemanden vorknöpfen: rimproverare qn., strapazzare qn.
Ha strapazzato ben bene sua figlia quando l'ha scoperta mentre fumava.

Brust • sich in die Brust werfen
darsi delle arie (pop.), pavoneggiarsi (pop.)
Si dà delle arie da grande cacciatore ogni volta che racconta del suo safari in Africa.

Brustton • mit dem Brustton der Überzeugung
con la massima convinzione
Mi ha raccontato con la massima convinzione di aver lavorato con Bruce Willis.

Buch • reden wie ein Buch
parlare come un libro stampato (pop.)
«Non la sopporto più, ogni volta che la vedo mi trattiene per delle ore, parla veramente come un libro stampato.»

Buch • ein Buch mit sieben Siegeln sein
Per me è arabo. (pop.)

Buchstaben • sich auf seine vier Buchstaben setzen
sedersi
«Adesso fai il bravo e siediti! Prima finisci di mangiare, poi puoi andare a giocare!»

Bude • die Bude auf den Kopf stellen
rivoltare la casa, mettere sottosopra / a soqquadro la casa
Per trovare le chiavi della macchina ho dovuto mettere sottosopra tutta la casa.

Bund • den Bund fürs Leben schließen
legarsi in matrimonio
Dopo più di dieci anni di convivenza si decisero finalmente a legarsi in matrimonio.

Bündel • sein Bündel schnüren
far fagotto (pop.)
Dopo quel furioso litigio fece fagotto e non lo rivide mai più.

Busch • auf den Busch klopfen
tastare / saggiare il terreno (pop.)
Per capire le sue intenzioni ho tastato il terreno chiedendole cosa ne pensasse.

Butter • sich nicht die Butter vom Brot nehmen lassen
non farsi mettere sotto i piedi da qn. (pop.)
Mia madre è una persona molto sicura di sé e non si fa mettere sotto i piedi da nessuno.

Buxtehude • aus Buxtehude kommen
venire da vattelappesca dove (pop.)
Viene da vattelappesca dove e nessuno lo conosce.

Canossa • den Gang nach Canossa machen
andare a Canossa (pop.)
Non servì a niente andare a Canossa, furono irremovibili e non lo perdonarono.

Chorknabe • kein Chorknabe sein
non essere uno stinco di santo (pop.)
A vederlo sembra un ragazzo tanto bravo, ma non è uno stinco di santo, so che non se ne lascia scappare una.

Creme • die Creme der Gesellschaft
il fior fiore (pop.), la crème de la crème (franc.)
Alla festa della duchessa c'era il fior fiore di tutto il paese.

Dach • etwas unter Dach und Fach bringen
mandare in porto (pop.), condurre a buon fine (pop.)
La polizia ha condotto l'operazione a buon fine ed ha arrestato i rapinatori.

Dachschaden • einen Dachschaden haben
non avere il cervello a posto (pop.), essere un po' tocco (pop.), non avere tutte le rotelle a posto (pop.), avere una rotella fuori posto (pop.), non esserci con la testa (pop.), essere fuori di testa (pop.)
La nostra nuova vicina è simpatica, ma credo che sia un po' tocca, parla sempre da sola.

dahinterstecken • Wer / was steckt da dahinter?
Chi / Cosa c'è dietro (a questa storia)?

dalli! • Nun mal dalli dalli!
Dai! / Forza! / Su!

Dampf • Dampf ablassen
sfogarsi
Quando ho bisogno di sfogarmi, telefono sempre alla mia amica, perché lei mi sa ascoltare.

Dampf • Dampf dahinter machen
forzare / sollecitare qc.
Dopo tre giorni di attesa ho dovuto sollecitare l'idraulico a venire per riparare la doccia.

Dämpfer • einen Dämpfer bekommen
von einer Person: ricevere un cicchetto (pop.)
aus einer Situation: prendersi una doccia fredda (pop.)
Quando arrivò per l'ennesima volta in ritardo in ufficio, si prese un bel cicchetto dal capo.

Dasein • sein Dasein fristen
tirare a campare (pop.), trascinare la propria esistenza
Dopo la morte della moglie ha perso la voglia di vivere e trascina la sua esistenza senza fare niente.

Daumen • Däumchen drehen
girare i pollici (pop.), starsene con le mani in mano (pop.)
«Non startene lì con le mani in mano, aiutami a mettere a posto la spesa.»

Daumen • den grünen Daumen haben
avere il pollice verde (pop.)
Tutta la sua casa è piena di piante, deve avere il pollice verde.

Daumen • die Daumen halten (drücken)
incrociare le dita (pop.)
Domani Anna ha l'esame di guida, incrociamo le dita e speriamo che lo superi.

Daumen • über den Daumen peilen
ad occhio e croce (pop.)
Non so precisamente quanti chilometri manchino fino a casa, ma ad occhio e croce direi che sono un centinaio.

davon • auf und davon
sich auf und davon machen: scappare, tagliare la corda (pop.)
Appena ricevuti i soldi dell'assicurazione, ha tagliato la corda.

Deck • auf Deck sein
sentirsi in forma
Dopo tanti giorni di malattia, si sentiva di nuovo in forma.

Decke • die Decke fällt jmd auf den Kopf
sentirsi soffocare in casa, sentirsi in gabbia
Dopo tre giorni di pioggia si sentiva soffocare in casa e sarebbe voluto uscire a tutti i costi.

Decke • an die Decke gehen
andare su tutte le furie (pop.)
Quando ha scoperto che suo figlio aveva fatto un graffio alla macchina, è andato su tutte le furie.

Decke • vor Freude an die Decke springen
fare salti di gioia (pop.), toccare il cielo con un dito (pop.)
Quando ho saputo che mia sorella era incinta ho fatto i salti di gioia.

Decke • unter einer Decke stecken
far comunella (pop.) / intendersela con qn., fare combutta con qn.
Dopo l'interrogatorio la polizia ha scoperto che il negoziante aveva fatto comunella con i ladri nel furto al suo negozio.

Decke • sich nach der Decke strecken
fare il passo secondo la gamba (pop.), fare la veste secondo il panno (pop.)
È inutile sognare una villa al mare, per adesso compreremo un piccolo appartamento, perché bisogna fare il passo secondo la gamba.

Deckmantel • unter dem Deckmantel
sotto il velo di (pop.)
Sotto il velo dell'amicizia, si è approfittato di Riccardo vendendogli una macchina difettosa.

Denkste!
Lo dici tu!

Deut • keinen Deut besser als jmd sein
non essere neppure di un tantino migliore di qn. (pop.)
Mio fratello mi dice sempre di non guardare tanto la televisione, ma lui non è neppure di un tantino migliore di me, perché ci passa delle ore intere.

deutsch • auf gut Deutsch gesagt
detto in buon italiano, francamente, in parole povere
I genitori gli hanno detto francamente di cercarsi un altro alloggio.

dick • gemeinsam durch dick und dünn gehen
stare sempre insieme a qn., dividere con qn. gioie e dolori
Stiamo sempre stati insieme fin da bambini.

dick • dick auftragen
spararle grosse (pop.)
Quella volta la sparò veramente grossa raccontandoci di esser stato un famoso calciatore degli anni 50.

Dickkopf • einen Dickkopf haben
avere la testa dura (pop.), essere testardo (pop.)
Ha la testa dura, non riesco a fargli cambiare idea.

Dieb • Man hängt keinen Dieb, bevor man ihn hat. (prov)
Non vendere la pelle dell'orso prima di averlo ucciso. (prov.)

diebisch • sich diebisch freuen
rallegrarsi molto / maliziosamente
Confesso di essermi rallegrata molto di vederla in difficoltà davanti al capo.

Diener • einen Diener machen
fare un inchino
Una volta le persone si salutavano facendo un inchino.

Diener • Diener zweier Herren sein
servire due padroni

Dienst • Dienst ist Dienst, und Schnaps ist Schnaps.
Prima il dovere, poi il piacere. (prov.)

Ding • ein krummes Ding drehen
fare qc. di poco pulito (pop.)
Organizzando quella vendita di quadri falsi, hanno fatto veramente qualcosa di poco pulito.

Ding • Jedes Ding hat zwei Seiten. (prov)
Ogni medaglia ha il suo rovescio. (prov.)

Ding • Gut Ding will Weile haben. (prov)
Bisogna dar tempo al tempo. (prov.) / Roma non fu costruita in un giorno. (prov.)

Dinge • guter Dinge sein
gute Laune haben: essere di buon umore (pop.)
È molto piacevole passare le vacanze con lei, perché è sempre di buon umore.
optimistisch sein: essere ottimista
Sono ottimista, sono sicuro che andrà tutto bene.

Dinge • über den Dingen stehen
essere superiore a qc.
Tutti se la prendono con lui, ma lui è superiore a queste cose.

Dinge • nicht mit rechten Dingen zugehen
Gatta ci cova. (pop.)
È stato assunto un anno fa in questa banca ed è già direttore; per me gatta ci cova.

Dingsbums
coso (pop.)
«Dammi quel... eh... coso, per tagliare la frutta.»

doppelt • Doppelt (genäht) hält besser. (prov)
La prudenza non è mai troppa. (prov.) / Meglio abbondare. (prov.) / La nave è più sicura con due ancore che con una sola. (prov.)

Dörfer • böhmische Dörfer
Per me è arabo. (pop.)

Dorn • ein Dorn im Auge sein
essere una spina nel fianco (pop.) / un bruscolo nell'occhio (pop.) / un osso in gola (pop.)
Durante tutta la partita quell'attaccante è stato una spina nel fianco per la difesa.

Draht • auf Draht sein
essere in gamba (pop.)
Non cambierei mai il commercialista. Il mio è veramente in gamba e riesce a farmi risparmiare molti soldi.

Draht • einen Draht zu jmd haben
avere una corsia preferenziale, essere in buoni rapporti con qn.
Ho una corsia preferenziale con il mio capo, perché è imparentato con la mia famiglia.

Drahtzieher • der Drahtzieher von etwas sein
tenere in mano le fila (pop.), essere il burattinaio (pop.)
Nel rapimento dell'industriale hanno scoperto che era il fratello a tenere in mano le fila dell'operazione.

Draufgänger • ein Draufgänger sein
essere un tipo impetuoso / spavaldo, essere uno che si butta (pop.), essere un avventuriero
Mio nonno era un tipo impetuoso, ha sfidato tanti pericoli pur di avere successo.

Dreck • Dreck am Stecken haben
avere uno scheletro nell'armadio (pop.), avere un passato poco chiaro (pop.) / pulito
Non parla mai della sua famiglia e del suo passato, credo che abbia più di uno scheletro nell'armadio.

Dreck • sich einen Dreck um etwas scheren
infischiarsene di qc. (pop.), fregarsene di qc. (volg.)
Molti lo disprezzano, ma lui se ne frega dell'opinione degli altri.

Dreck • jmd wie den letzten Dreck behandeln
trattare qn. come una pezza da piedi (pop.)
Dopo tanti anni di matrimonio non si lasciò trattare come una pezza da piedi dal marito e si ribellò.

Dreck • sich um jeden Dreck kümmern
occuparsi di ogni cosa / di tutto
«Non posso occuparmi io di ogni cosa! È ora che mi diate una mano!»

Dreck • jmd / etwas in den Dreck ziehen
trascinare qn. nel fango (pop.), mettere qn. nei guai (pop.)
L'articolo sul giornale ha danneggiato la sua reputazione e l'ha messo nei guai.

Dreh • den Dreh raushaben
aver capito il trucco (pop.)
Una volta capito il trucco, è molto facile usare questo attrezzo.

drehen • Daran hat jemand gedreht.
metterci le mani (pop.)
«Non è possibile che abbia fatto tutto da sola. Qualcuno ci ha messo le mani!»

drehen • Worum dreht es sich?
Di cosa si tratta?

drei • aussehen, als ob man nicht bis drei zählen kann
avere l'aria poco sveglia (pop.)
«Non mi piace molto il nuovo ragazzo di Rita, ha l'aria poco sveglia e lei è una persona così intelligente.»

Dreikäsehoch
un mingherlino (pop.) / omino (pop.), essere alto come un soldo di cacio (pop.)
Non è più alto di un soldo di cacio, ma ha tanta forza e lavora per due.

dreizehn • Nun schlägt's dreizehn!
Questo è il colmo! / Adesso basta! (pop.)

Drückeberger
faul: fannullone (pop.) / scansafatiche
Non aiuta mai in casa, è un fannullone.
feige: coniglio (pop.), fifone (pop.)
In piscina non vuole mai tuffarsi dal trampolino, perché è un fifone.

Drücker • auf den letzten Drücker
all'ultimo minuto
Irene fa sempre tutto all'ultimo minuto e rischia tutte le mattine di perdere l'autobus.

drum • mit allem Drum und Dran
con tutti i crismi (pop.) / i sacramenti (pop.) / gli annessi e connessi
È stata una festa organizzata con tutti i crismi, c'era addirittura un'orchestra per la musica.

drunter • drunter und drüber gehen
andare sottosopra (pop.)
Dopo il trasloco tutte le mie cose sono andate sottosopra e non trovavo più niente.

dumm • jmd dummkommen
diventare / essere sfacciato nei riguardi di qn.
Il bambino è stato così sfacciato nei riguardi della maestra che è stato mandato fuori dall'aula.

dumm • sich nicht für dumm verkaufen lassen
non farsi prendere in giro (pop.), prendere qn. per fesso
La turista non si è fatta prendere in giro dal venditore ambulante, sapeva benissimo che quella borsa era un'imitazione.

dunkel • im Dunkeln tappen
brancolare nel buio (pop.)
È passata una settimana da quando è successo l'omicidio, ma la polizia brancola ancora nel buio.

dünn • sich dünn(e) machen
tagliare la corda (pop.), togliersi di mezzo (pop.), alzare i tacchi (pop.)
Quando ho capito che avrebbero discusso tutta la sera del mio lavoro, ho tagliato la corda.

Dunst • keinen blassen Dunst haben
non avere la più pallida idea (pop.)
«Non ho la più pallida idea di come far funzionare la nuova lavatrice! Dove sono le istruzioni d'uso?»

durch • durch und durch (völlig / total)
da parte a parte, tutto quanto (pop.), al cento per cento
È onesto al cento per cento, puoi fidarti ciecamente di lui.

durch • etwas geht einem durch und durch
una cosa che fa venire un brivido lungo la schiena (pop.)
Questa terribile notizia mi ha fatto venire un brivido lungo la schiena.

durchbeißen • sich durchbeißen (im Leben)
farsi largo lottando, farsi strada lottando
Ha dovuto farsi strada lottando da quando era bambino, era orfano e non aveva nessuno che si occupasse di lui.

durchbringen • (sein Geld) durchbringen
scialacquare (pop.) / sperperare (pop.) (i soldi)
Ha sperperato tutta l'eredità e adesso è povero in canna.

durchfüttern • sich von jdm durchfüttern lassen
farsi mantenere da qn., vivere alle spalle di qn. (pop.)
Ha quarant'anni, ma vive ancora alle spalle dei genitori.

durchkämmen • etwas durchkämmen
rastrellare
La polizia ha rastrellato tutti i locali notturni finché ha trovato l'omicida della prostituta.

durchmachen • viel durchmachen müssen
doverne passare di tutti i colori
Valentina è una ragazza molto giovane, ma ne ha già passate di tutti i colori.

Durchmarsch • den Durchmarsch haben / kriegen
avere la cacarella (pop.) / sciolta (pop.)
Era un periodo poco piacevole quando avevo il virus intestinale, mi veniva la cacarella ogni volta che mangiavo qualcosa.

durchsehen • nicht durchsehen
non capirci niente (pop.)
Quel film è troppo complicato, non ci capisco più niente.

durchstehen • etwas durchstehen müssen
sopportare qc. (per lungo tempo / fino alla fine)
Dobbiamo sopportare ancora questo difficile momento e poi tutto sarà finito.

Dusche • wie eine kalte Dusche
come una doccia fredda (pop.) / un pugno nello stomaco (pop.) / cazzotto in faccia (pop.)
Il licenziamento lo colpì come un pugno nello stomaco.

Ecke • jmd um die Ecke bringen
far fuori (pop.) / secco qn. (pop.), togliere di mezzo qn. (pop.), freddare qn. (pop.)
Nella malavita se non si rispettano le regole, si viene fatti fuori.

Ecken • an allen Ecken und Enden
überall: dappertutto, ovunque, da ogni parte, in ogni dove, a destra e a manca (pop.)
La tua macchina è talmente vecchia che fa rumore dappertutto.
sparen: risparmiare su ogni cosa, fare economia fino all'osso (pop.)
Quando ero giovane non avevo un soldo e dovevo risparmiare su ogni cosa.

Effeff • etwas aus dem Effeff können
conoscere qc. a menadito (pop.) / per filo e per segno (pop.), sapere qc. come il paternoster (pop.)
Il nostro professore è bravissimo, conosce la Divina Commedia a menadito!

Ehre • Ehre, wem Ehre gebührt. (prov)
Onore al merito. (prov.)

Ehre • auf Ehre und Gewissen
sul mio onore, sull'onore ed in piena coscienza
Ti prometto sul mio onore che rispetterò i patti.

ehrlich • Ehrlich währt am längsten. (prov)
Chi va diritto non fallisce strada. (prov.)

Ei • jmd wie ein rohes Ei behandeln
trattare qn. con i guanti bianchi (pop.) / di velluto (pop.)
Da quando si è lasciata con il suo ragazzo, tutti la trattano con i guanti bianchi, perché scoppia a piangere per un nonnulla.

Ei • sich gleichen wie ein Ei dem anderen
assomigliarsi come due gocce d'acqua (pop.)
Lei e sua madre si assomigliano come due gocce d'acqua.

Ei • Das Ei will klüger als die Henne sein.
I paperi menano a bere le oche. (prov. antiq.)

Eier • sich um ungelegte Eier kümmern
fasciarsi il capo prima di romperselo (pop.)
È inutile fasciarsi il capo prima di romperselo, tanto non cambia nulla.

Eifer • Blinder Eifer schadet nur. (prov)
Il troppo zelo nuoce. (prov.) / Il troppo stroppia. (prov.)

Eigenlob • Eigenlob stinkt. (prov)
Chi si loda s'imbroda. (prov.)

Eimer • im Eimer sein
kaputt: essere rotto / andato
Mi sa che la tivù è andata, ma non posso lamentarmi, ha funzionato per più di 15 anni.
Plan: andare in fumo (pop.) / a monte (pop.)
Aveva dei grandi progetti nel suo lavoro, ma dopo il fallimento della sua ditta, sono andati tutti a monte.

ein • nicht ein noch aus wissen
non sapere dove sbattere la testa (pop.)
La situazione è così catastrofica che non sappiamo dove sbattere la testa.

Eindruck • Der erste Eindruck ist der beste. (prov)
La prima impressione è sempre quella buona. (prov.)

Eindruck • Eindruck schinden
far colpo (pop.) / bella figura (pop.)
Si è comprata un vestito nuovo per andare alla festa, perché vuole fare colpo.

einkratzen • sich bei jmd einkratzen
accattivarsi le simpatie di qn.
Ha ottenuto molti voti alle elezioni, accattivandosi le simpatie dei pensionati.

Eis • Das Eis ist gebrochen.
rompere il ghiaccio (pop.)
Dopo aver passato tutto il fine settimana insieme, hanno rotto il ghiaccio e adesso sono diventati grandi amici.

Eis • etwas auf Eis legen
mettere qc. da parte / accantonare qc.
Mia sorella ha dovuto mettere da parte il suo sogno di fare un viaggio in America, perché ha scoperto di essere incinta.

Eisen • Schmiede das Eisen, solange es heiß ist. (prov)
Il ferro va battuto finché è caldo. (prov.) / Bisogna cogliere il frutto quando è maturo. (prov.)

Eisen • ein heißes Eisen
una questione scottante (pop.)
Lasciamo perdere questo discorso, è una questione troppo scottante.

Eisen • noch ein Eisen im Feuer haben
avere più di una freccia al proprio arco (pop.)
Non abbiamo ancora risolto il problema, ma abbiamo più di una freccia al nostro arco e insisteremo.

Eisen • jmd zum alten Eisen werfen
relegare qn. fra i ferri vecchi (pop.)
In quella scuola hanno relegato tutti gli insegnanti sopra i 50 anni fra i ferri vecchi e nessuno gli da più retta.

Eisenbahn • Es ist höchste Eisenbahn.
Il tempo stringe. (pop.)
«No, non posso andare al cinema, devo finire il lavoro, il tempo stringe.»

Elefant • sich wie ein Elefant im Porzellanladen benehmen
comportarsi / muoversi come un elefante fra le porcellane (pop.)
Cercava di danzare in modo elegante, ma sembrava un elefante fra le porcellane.

Elle • alles mit der gleichen Elle messen
misurare tutto con lo stesso metro
È un giudice molto imparziale, perché giudica tutti gli imputati con lo stesso metro.

Ende • Ende gut, alles gut. (prov)
Tutto è bene quel che finisce bene. (prov.)

Ende • Das dicke Ende kommt noch.
Il bello / peggio deve ancora venire. (pop.)

Ende • Lieber ein Ende mit Schrecken, als ein Schrecken ohne Ende. (prov)
Meglio una fine terribile che un terrore senza fine. (prov.)

Ende • das Ende vom Lied
Doveva finire così.
Non era la prima volta che lo fermavano per eccesso di velocità e adesso è finito contro un albero con la macchina. Doveva finire così.

Enge • in die Enge getrieben werden
esser messo alle strette (pop.) / con le spalle al muro (pop.), avere il coltello alla gola (pop.)
Non avrebbe mai voluto chiudere il ristorante, ma le banche lo hanno messo con le spalle al muro.

Ente • wie eine bleierne Ente schwimmen
nuotare come un gatto di piombo (pop.) / ferro (pop.)
Nuota come un gatto di piombo, non riuscirà mai ad arrivare fino all'isoletta in mezzo al lago.

Ente • eine lahme Ente sein
Fahrzeug: essere una tartaruga / lumaca (pop.)
La tua macchina è proprio una lumaca, non arriveremo mai in tempo.
Mensch: essere smidollato / senza midollo, essere un mollusco
Quel ragazzo manca di ogni iniziatia ed entusiasmo: che smidollato!

Erdboden • dem Erdboden gleichmachen
radere al suolo
Hanno raso al suolo migliaia di alberi nella foresta dell'Amazzonia.

Erdboden • wie vom Erdboden verschwunden
scomparso dalla faccia della terra (pop.)
Non lo vedo più da tre anni, sembra scomparso dalla faccia della terra.

erstunken • erstunken und erlogen
inventato di sana pianta (pop.)
Questa storia è inventata di sana pianta, non c'è una parola di vero.

erwärmen • sich für etwas (nicht) erwärmen können
(non) riuscire ad entusiasmarsi / interessarsi per qc.
Non riuscirò mai ad entusiasmarmi per il tennis, mi piace molto di più il calcio.

Esel • störrisch wie ein Esel sein
essere testardo come un mulo (pop.)
Mia sorella è testarda come un mulo, non mi da mai retta.

Eselsbrücke • jmd eine Eselsbrücke bauen
usare un espediente (mnemonico)
Chi impara una lingua straniera usa spesso degli espedienti per ricordarsi meglio certe regole di grammatica.

Eselsohr • das Buch hat Eselsohren
il libro ha le orecchie (pop.)
Questo libro l'ho letto tante volte e si vede: è pieno d'orecchie.

Espenlaub • zittern wie Espenlaub
tremare come una foglia (pop.)
Mentre mi raccontava cos'era successo, tremava come una foglia.

Eulen • Eulen nach Athen tragen
portare nottole ad Atene (pop.) / acqua al mare (pop.) / legna al bosco (pop.)
Regalare un libro a Roberta è come portare acqua al mare, visto che è bibliotecaria.

fackeln • nicht lange fackeln
farla breve (pop.)
Facciamola breve e concludiamo questo discorso, ne abbiamo già parlato troppo.

Faden • an einem (am seidenen) Faden hängen
essere appeso ad un filo (pop.)
La sua vita è appesa ad un filo, può morire da un momento all'altro.

Faden • ein roter Faden
il filo conduttore
Il filo conduttore del libro è molto chiaro e facile da seguire.

Faden • keinen trockenen Faden am Leib haben
essere bagnato fradicio (pop.) / fino alle ossa (pop.)
Pioveva tanto forte che sono tornato a casa bagnato fradicio.

Faden • keinen guten Faden an jmd lassen
tagliare i panni addosso a qn. (pop.)
Ogni volta che parla di sua sorella, le taglia i panni addosso e racconta cose terribili di lei.

Faden • den Faden verlieren
perdere il filo (pop.)
Scusami, ma non ti seguo più, ho perso il filo del tuo discorso.

Fäden • alle Fäden in der Hand halten
tenere in mano le fila (pop.), avere tutto sotto controllo
C'è molta confusione dopo il terremoto, ma le Forze dell'Ordine hanno tutto sotto controllo.

Fadenkreuz • ins Fadenkreuz geraten
finire nel mirino di qn. (pop.)
Dopo la faccenda delle tangenti, il politico è finito nel mirino dei media per molto tempo.

Fahne • eine Fahne haben
puzzare di alcool (pop.)
Quando è tornato a casa dal bar, puzzava di alcool.

Fahne • die Fahne hochhalten
tener alta la bandiera
Teniamo alta la bandiera del nostro paese e mettiamocela tutta per vincere.

Fahne • die Fahne nach dem Wind drehen
cambiare casacca (pop.), voltare gabbana (pop.), essere una banderuola (pop.)
Non si può discutere con lei, cambia casacca a seconda della persona con cui parla.

Fahnen • mit fliegenden Fahnen untergehen
andare in rovina / cadere rapidamente
Nonostante tutti i tentativi di trovare un investitore, la vecchia fabbrica andò in rovina rapidamente.

Fährte • auf der falschen Fährte sein
essere sulla pista sbagliata (pop.)
«Non è quella la soluzione giusta, sei sulla pista sbagliata!»

fallen • jmd fallen lassen
abbandonare / piantare in asso qn. (pop.)
Ha piantato in asso marito e figli e se n'è andata con il suo giovane amante.

Fassung • jmd aus der Fassung bringen
far perdere le staffe a qn. (pop.)
Mi ha fatto perdere le staffe con la sua insistenza.

Fass • ein Fass ohne Boden
una botte senza fondo (pop.)
Non finiamo più di spendere soldi per restaurare questa casa; è una botte senza fondo.

Faulheit • vor Faulheit stinken
grattarsi la pancia (pop.), fare una vita da poltrone (pop.), stare con la pancia all'aria (pop.)
Sta tutto il giorno a grattarsi la pancia invece di andare a trovarsi un lavoro.

Faust • auf eigene Faust
di propria iniziativa, di testa propria
Ha scelto quel lavoro di propria iniziativa e adesso deve continuare.

Faust • mit der Faust auf den Tisch hauen
battere il pugno sul tavolo (pop.)
Ha battuto il pugno sul tavolo dicendo ai suoi figli: «Adesso basta!»

Faust • wie die Faust aufs Auge passen
È un pugno in un occhio. (pop.) / C'entra come i cavoli a merenda. (pop.)

Faust • die Faust im Nacken spüren
sentirsi sotto pressione
Mi sento sotto pressione ogni volta che il capo entra nel mio ufficio.

Fäustchen • sich ins Fäustchen lachen
ridere sotto i baffi (pop.)
Guardando i suoi tentativi di recitare Shakespeare, i vecchi attori se la ridevano sotto i baffi.

faustdick • es faustdick hinter den Ohren haben
saperne una più del diavolo (pop.)
Devi fare attenzione con quell'uomo perché ne sa una più del diavolo.

Faxen • Mach keine Faxen!
Non fare il cretino! / Non essere sciocco!

Federn • Federn lassen müssen
lasciarci le penne (pop.), uscirne danneggiato
È stata una lotta accanita fra i due partiti e sono stati i laburisti a lasciarci le penne.

Federn • sich mit fremden Federn schmücken
mettersi le penne del pavone (pop.), farsi bello con le penne del pavone (pop.)
Quando parla di come è bella la sua nuova casa, si fa bello con le penne del pavone, perché è stato il padre a costruirla.

Feld • das Feld räumen
cedere il campo (pop.)
Il presidente è così vecchio che sarebbe meglio se cedesse il campo al suo successore.

Feld • etwas ins Feld führen
addurre un argomento
Addusse un buon argomento per convincere i suoi colleghi, e cioè che il nuovo sistema era molto più economico.

Feld • gegen jmd / etwas zu Felde ziehen
scendere in campo contro qc. / qn.
Migliaia di dimostranti sono scesi in campo contro l'aumento dei prezzi deciso dal governo.

Fell • jmd juckt das Fell
andarsela a cercare (pop.)
Guida sempre come un pazzo e ieri ha avuto un brutto incidente; se l'è andata a cercare.

Fell • ein dickes Fell haben
avere la pelle (pop.) / scorza (pop.) dura
«Non avere paura a dirgli la verità, perché ha la pelle dura e riuscirà a sopportarlo.»

Fell • jmd das Fell über die Ohren ziehen
imbrogliare qn.
L'hanno imbrogliato ben bene vendendogli la casa a quel prezzo esorbitante.

Felle • all seine Felle davonschwimmen sehen
vedere tutti i propri progetti andare in fumo (pop.)
Tutti i suoi progetti sono andati in fumo quando la sua ditta è fallita.

Fels • wie ein Fels in der Brandung
essere incrollabile / saldo come una roccia
La sua fiducia nell'esito positivo dell'affare era incrollabile come una roccia.

festnageln • jmd auf etwas festnageln
inchiodare qn.
Con le prove che avevano, non sono riusciti ad inchiodarlo per il delitto.

Festtagslaune • in Festtagslaune sein
essere di buon umore
Dopo quella bella vittoria erano tutti di buon umore.

Fett • Da hast du dein Fett weg!
Così impari!

Fettnäpfchen • ins Fettnäpfchen treten
fare una gaffe (pop.)
Ho fatto proprio una gaffe quando le ho chiesto se era incinta! Era solo ingrassata di qualche chilo.

Fetzen • dass die Fetzen fliegen
a più non posso
Le due donne litigarono a più non posso per due ore.

Feuer • für jmd durchs Feuer gehen
gettarsi nel fuoco per qn. (pop.)
È talmente affezionato che si getterebbe nel fuoco per lui.

Feuer • mit dem Feuer spielen
scherzare con il fuoco (pop.)
È meglio non scherzare con il fuoco se non si vuol rimanere scottati.

Feuer • Feuer und Flamme sein
essere fuoco e fiamme per qc. / qn. (pop.)
Quando gli ho detto che avremo fatto il giro del mondo in barca, era fuoco e fiamme per questa idea.

Feuerwehr • fahren wie die Feuerwehr
correre come un dannato (pop.)
Quando la polizia l'ha fermato correva come un dannato e ha pagato una multa salatissima.

Finger • es juckt in den Fingern
struggersi dalla voglia di avere qc.
Mi struggo dalla voglia di vederlo, ma devo aspettare ancora una settimana che ritorni.
FF: sentirsi prudere le mani: jmd prügeln wollen

Finger • etwas an allen fünf Fingern abzählen können
essere cristallino, chiaro come il sole (pop.)
Quando mi ha detto che mi aveva chiamato diverse volte, era chiaro come il sole che mentiva, perché sono stato tutto il giorno a casa.
FF: contare qc. sulle dita di una mano: an einer Hand / an den Fingern abzählen können

Finger • wenn man jmd den kleinen Finger gibt, dann nimmt er die ganze Hand
A chi dai il dito si prende anche il braccio. (prov.)

Finger • keinen Finger krumm machen
non muovere / alzare un dito (pop.), starsene con le mani in mano (pop.)
I miei figli non muovono un dito in casa. Vengono solo per mangiare e per dormire.

Finger • lange Finger machen
essere lesto di mano (pop.), avere le mani lunghe (pop.)
Il direttore disse alla commessa di fare attenzione a quel ragazzo quando veniva in negozio perché era lesto di mano.

Finger • sich alle Finger nach etwas lecken
leccarsi le dita di qc. (pop.)
Se altri potessero avere quello che hai tu si leccherebbero le dita.

Finger • sich die Finger an etwas verbrennen
bruciarsi le ali (pop.), rimanere scottato da qc. (pop.)
Investendo in azioni argentine molta gente è rimasta scottata.

Finger • sich nicht die Finger schmutzig machen
non sporcarsi le mani (pop.)
Non si è voluto sporcare le mani con quell'umile lavoro e ha rifiutato di farlo.

Finger • jmd um den kleinen Finger wickeln
abbindolare qn.
Con il suo bellissimo sorriso riusciva sempre ad abbindolare tutti.

Finger • sich etwas aus den Fingern saugen
inventarsi qc. di sana pianta (pop.)
Si è inventata la storia di sana pianta, non è vera neanche una parola.

Fisch • stumm wie ein Fisch
muto come un pesce (pop.)
Non ti preoccupare, non lo dirò a nessuno; sarò muto come un pesce.

Fisch • gesund wie ein Fisch im Wasser
essere sano come un pesce (pop.)
Il dottore mi ha detto che mio figlio è sano come un pesce.

Fisch • weder Fisch noch Fleisch
né carne né pesce (pop.)
«Spiegaci finalmente cosa intendi fare, perché finora quello che hai detto non era né carne né pesce.»

Fische • kleine Fische
noccioline (pop.), bruscolini (pop.), cose da nulla, piccolezze
Un milione di euro sono noccioline per una star di Hollywood.

Fittiche • jmd unter seine Fittiche nehmen
prendere qn. sotto le proprie ali (pop.)
Il vecchio maestro prese il giovane sotto le proprie ali e lo aiutò a fare carriera.

fix • fix und fertig sein
essere bell'e finito (pop.) / cotto (pop.) / a pezzi (pop.)
Ho lavorato troppo, questa sera sono proprio a pezzi.

Flagge • unter falscher Flagge segeln
vivere / agire sotto mentite spoglie
Vive sotto le mentite spoglie di un comune impiegato, ma in realtà è un attore famoso nel suo paese.

Flamme • eine (alte) Flamme von jmd sein
essere una (vecchia) fiamma di qn. (pop.)
Ieri ho incontrato una mia vecchia fiamma e abbiamo parlato dei vecchi tempi.

Flappe • eine Flappe ziehen
fare il muso lungo (pop.), tenere il broncio (pop.)
Non le ho comprato la bambola che voleva e mia figlia mi ha tenuto il broncio tutto il giorno.

Flaum • noch Flaum hinter den Ohren haben
avere ancora la bocca sporca di latte (pop.) / la goccia al naso (pop.), essere di primo pelo (pop.)
Vuole fare l'uomo vissuto, ma ha ancora la bocca sporca di latte.

Flausen • jmd die Flausen austreiben
togliere i grilli dalla testa a qn. (pop.)
Le toglierò i grilli dalla testa e le impedirò di sposare quell'uomo.

Fleisch • sein eigen Fleisch und Blut
sangue del suo sangue
Voglio bene a mio figlio adottivo come se fosse sangue del mio sangue.

Fleisch • in Fleisch und Blut übergehen
entrare nel sangue
Questo ruolo gli è entrato nel sangue e ha recitato divinamente.

Fleisch • sich ins eigene Fleisch schneiden
farsi del male con le proprie mani, darsi / tirarsi la zappa sui piedi (pop.)
In un momento di rabbia ha licenziato tutto il personale della casa e si è dato la zappa sui piedi, perché adesso deve fare tutto da solo.

Fleiß • Ohne Fleiß kein Preis. (prov)
Non c'è pane senza pena. (prov.)

Fliege • keiner Fliege etwas zuleide tun können
non far male ad una mosca (pop.)
È così buono che non farebbe male ad una mosca.

Fliege • jmd stört die Fliege an der Wand
uno che spacca il capello in quattro (pop.), uno che mette i puntini sulle i (pop.)
È molto noioso lavorare con lui perché è uno che spacca il capello in quattro.

Fliegen • zwei Fliegen mit einer Klappe schlagen
prendere due piccioni con una fava (pop.)
Domani vado ad un congresso a Roma e passo a trovare i miei vecchi amici, così prendo due piccioni con una fava.

Flinte • nicht die Flinte ins Korn werfen
non gettare la spugna (pop.) / le armi (pop.)
Quando pensò alla montagna di lavoro che aveva ancora davanti a sè, stava per gettare la spugna, ma poi decise di tener duro e di continuare a lavorare.

Floh • jmd einen Floh ins Ohr setzen
mettere una pulce nell'orecchio a qn. (pop.)
Mi ha messo una pulce nell'orecchio dicendomi che quel ristorante aveva una cucina eccezionale. La sera stessa ho prenotato un tavolo.

Flunder • platt wie ’ne Flunder sein
überrascht / erstaunt sein: essere sbalordito, rimanere a bocca aperta
Quando Roberta vide il marito con la sua nuova Ferrari fu sbalordita.
flachbusig sein: essere piatta come un asse da stiro (pop.)
Quella ragazza ha già 18 anni, ma è ancora piatta come un asse da stiro.

Folter • jmd auf die Folter spannen
tenere qn. sulla corda (pop.)
Mi ha tenuto sulla corda per un mese prima di accettare di sposarmi.

Frage • Kommt nicht in Frage!
Non c’è verso! / Non se ne parla!

französisch • sich auf Französisch empfehlen
andarsene insalutato ospite (pop.), andarsene / filarsela alla francese / all’inglese (pop.)
Se n’è andato dalla festa insalutato ospite.

Fressen • ein gefundenes Fressen
Casca come il cacio sui maccheroni. (pop.) / Questo è acqua al suo mulino. (pop.)
Scoprire che quel deputato era corrotto era una notizia che arrivava come il cacio sui maccheroni per la stampa locale.

Freund • jedermanns Freund sein
essere l’amico di tutti
Non mi fido molto di lui, è l’amico di tutti e di nessuno.

Freundschaft • jmd die Freundschaft kündigen
rompere l’amicizia con qn.
Il mio migliore amico mi ha imbrogliato e abbiamo rotto l’amicizia.

Friedenspfeife • mit jmd die Friedenspfeife rauchen
fumare il calumet della pace con qn. (pop.), far pace con qn.
Dopo aver litigato tutta la sera, fumarono il calumet della pace stringendosi la mano.

frisch • Frisch gewagt ist halb gewonnen. (prov)
Chi ben comincia è a metà dell’opera. (prov.)

frisieren • einen Motor / Bericht frisieren
Motor: truccare
Quella macchina va molto veloce, perché ha il motore truccato.
einen Bericht: truccare, ritoccare
Ha ritoccato il resoconto annuale della sua ditta per pagare meno tasse.

Front • gegen jmd / etwas Front machen
opporre resistenza a qc. / qn.
Quando è arrivata la polizia i dimostranti hanno opposto resistenza e si è dovuto ricorrere alle bombe lacrimogene.

Frosch • Sei kein Frosch!
Coraggio!

Frosch • einen Frosch in der Kehle (im Hals) haben
avere un rospo in gola (pop.)
«Mi sembra di avere un rospo in gola, mi daresti un bicchiere d'acqua?»

Fuchs • wo sich Fuchs und Hase gute Nacht sagen
a casa del diavolo (pop.), in capo al mondo (pop.), al polo nord (pop.)
Abita in capo al mondo e impiega due ore per arrivare in ufficio.

Fuchtel • unter der Fuchtel von jmd stehen
farsi tenere al guinzaglio da qn. (pop.), lasciarsi comandare a bacchetta da qn. (pop.)
È una persona molto mite e gentile che si lascia comandare a bacchetta da sua moglie.

Fug • mit Fug und Recht
a buon diritto
Ha ottenuto a buon diritto un'ottima pensione.

Fundgrube • eine Fundgrube sein
essere una miniera / un pozzo di qc. (pop.)
In Internet si trova di tutto, è una miniera di informazioni.

Funken • keinen Funken Verstand haben
non avere un briciolo di buon senso
Il ladro non ha un briciolo di buon senso, ha commesso tutti i furti nella stessa via, così la polizia ha avuto gioco facile a catturarlo.

Fuß • stehenden Fußes
su due piedi
Ho deciso su due piedi di partire domani per la Francia.

Fuß • mit dem falschen Fuß aufstehen / mit dem linken Fuß zuerst aufstehen
svegliarsi con la luna di traverso (pop.)
«Credo proprio che tu sia di cattivo umore oggi! Ti sei svegliato con la luna di traverso?»

Fuß • mit einem Fuß im Grabe stehen
avere un piede nella fossa (pop.), essere / stare con un piede nella fossa (pop.)
Ha già un piede nella fossa e lavora ancora dieci ore al giorno.

Fuß • auf großem Fuße leben
fare una vita / vivere da gran signore (pop.)
Vive da gran signore andando sempre in vacanza in alberghi di lusso.

Fuß • auf freiem Fuß sein
essere a piede libero
Dopo aver fatto un furto è stato denunciato, ma è ancora a piede libero.

Fuß • mit jmd auf gutem Fuße stehen
essere in buoni rapporti con qn.
Sono in buoni rapporti con tutti i miei vicini di casa.

Füße • auf die Füße fallen
cadere in piedi
È una ragazza fortunata, nonostante i tanti errori cade sempre in piedi.

Füße • jmd die Füße küssen
accattivarsi le simpatie di qn.
Si accattivò le simpatie della direttrice portandole ogni giorno un mazzo di fiori freschi.

Füße • auf eigenen Füßen stehen
essere indipendente, camminare con le proprie gambe (pop.)
I genitori lo hanno aiutato finanziariamente quando era all'università, ma ora ha trovato un buon lavoro e cammina con le proprie gambe.

Füße • etwas mit Füßen treten
prendere a calci qc. (pop.)
Ha preso a calci il suo futuro rifiutando quel promettente lavoro.

Füße • sich die Füße vertreten
fare due / quattro passi (pop.), sgranchirsi le gambe (pop.)
È ora che ci sgranchiamo le gambe, siamo state sedute al computer tutta la giornata.

Füße • jmd etwas vor die Füße werfen
gettare qc. in faccia a qn.
Mi ha gettato in faccia che l'avevo offesa davanti a tutti.

futsch • Futsch ist futsch und hin ist hin.
Chi ha avuto ha avuto e chi ha dato ha dato. (prov.)

Galgenfrist
ultima proroga
Ti do un'ultima proroga perché tu provveda a ridarmi i soldi che ti ho prestato.

Galle • jmd läuft die Galle über
crepare dalla bile (pop.) / rabbia (pop.), vedere rosso
Quando seppe che aveva perso tutti quei soldi in borsa, si sentì crepare dalla rabbia.

gang • gang und gäbe sein
essere usuale / consueto / di uso corrente
In casa di molti italiani è usuale pregare prima di pranzo e di cena.

Gänsehaut
pelle d'oca (pop.)
L'ultima scena del film mi ha talmente commosso che mi è venuta la pelle d'oca.

Gänsemarsch
fila indiana (pop.)
Il sentiero era talmente stretto che dovettero camminare in fila indiana.

Gardinen • hinter schwedischen Gardinen sitzen
stare al fresco (pop.) / in gattabuia (pop.), vedere il sole a scacchi (pop.)
Dopo la rapina è stato al fresco per più di dieci anni.

Garn • jmd ins Garn gehen
cadere nella rete di qn. (pop.)
La polizia organizzò una trappola per catturarlo e il ladro cadde nella rete che gli avevano teso.

Gaul • Einem geschenkten Gaul schaut man nicht ins Maul. (prov)
A caval donato non si guarda in bocca. (prov.)

geben • Geben ist seliger denn Nehmen. (prov)
Rende più felice il dare che il ricevere. (prov. bibl.)

Gebet • jmd ins Gebet nehmen
fare una paternale a qn. (pop.)
Il mio professore mi fece una lunga paternale per convincermi a studiare con più impegno.

Gedeih • auf Gedeih und Verderb(en)
nella buona e nella cattiva sorte
Due persone che si sposano decidono di stare insieme nella buona e nella cattiva sorte.

Geduldsfaden • jmd reißt der Geduldsfaden
a qn. scappa la pazienza (pop.)
Spesso i capricci dei bambini mi fanno scappare la pazienza.

gefressen • jmd / etwas gefressen haben
Person: non sopportare qn.
Quella persona mi è talmente antipatica che non la sopporto.
etwas verstanden haben: aver capito qc.
Finalmente ho capito che cosa significa questo modo di dire.

Gefühle • mit gemischten Gefühlen
con sentimenti contrastanti
Vado con sentimenti contrastanti al matrimonio di Manuela, perché sono contenta per lei, ma non mi piace il suo futuro marito.

Gegensätze • Gegensätze ziehen sich an.
Gli opposti si attraggono. (prov.)

geharnischt • eine geharnischte Rede / ein geharnischter Brief
Rede: un discorso energico e duro
Brief: una lettera imbestialita
Scrisse una lettera imbestialita all'amministratore del condominio per lamentarsi del chiasso dei vicini.

Gehege • jmd ins Gehege kommen
rompere le uova nel paniere a qn. (pop.)
Aveva deciso di partire per il fine settimana, ma l'arrivo degli ospiti gli ruppe le uova nel paniere.

gehenkt • wie gehenkt aussehen
avere un aspetto pietoso / orribile
Quando arrivò in ufficio aveva un aspetto orribile, disse che non aveva chiuso occhio per tutta la notte.

Geier • weiß der Geier
Ma che ne so! / Chissà!

Geier • hol's der Geier
Al diavolo!

Geige • die erste Geige spielen
fare il bello ed il cattivo tempo (pop.), essere il numero uno (pop.)
A casa della mia amica è il vecchio nonno a fare il bello ed il cattivo tempo in famiglia.

Geist • seinen Geist aufgeben
rendere l'anima a Dio (pop.)
Devo comprarmi una lavatrice nuova, la vecchia ha reso l'anima a Dio.

Geist • Der Geist ist willig, doch das Fleisch ist schwach.
Lo spirito è forte, ma la carne è debole. (prov. bibl.)

Geist • Das zeigt, wes Geistes Kind sie ist.
Questo dimostra che tipo di persona è.

Geister • von allen guten Geistern verlassen sein
aver perso la testa (pop.), esser uscito di senno (pop.)
«Ma sei uscito di senno? Come hai potuto accettare questo lavoro?»

Geld • Geld allein macht nicht glücklich.
Il denaro non fa la felicità. (prov.)

Geld • Geld auf die hohe Kante legen
mettere da parte i soldi
Ho messo da parte un po' di soldi per potermi comprare una nuova macchina.

Geld • Geld regiert die Welt.
Il denaro è il re del mondo. (prov.) / Il denaro apre tutte le porte. (prov.) / Il denaro fa girare il mondo. (prov.)

Geld • nach Geld stinken
essere straricco (pop.) / pieno di soldi (pop.)
I nostri vicini devono essere straricchi, hanno tre macchine e una Harley Davidson nel loro garage.

Geld • nicht für Geld und gute Worte
né pagando né pregando
Non voglio andare a lavorare alla fiera né pagando né pregando, è uno dei lavori che odio di più.

Geld • Geld wie Heu haben
avere soldi a palate (pop.), avere un sacco di soldi (pop.), essere pieno di grana (pop.), nuotare / sguazzare nell'oro (pop.)
Quell'uomo è ricchissimo, ha davvero soldi a palate.

Geld • Geld zum Fenster hinauswerfen
avere le mani bucate (pop.)
Non è molto bravo a gestire i suoi soldi, ha le mani bucate e spende tanto in cose inutili.

Gelegenheit • die Gelegenheit beim Schopfe packen
cogliere la palla al balzo (pop.), prendere l'occasione al volo (pop.)
Quando mancò la corrente i ladri presero l'occasione al volo per svaligiare la banca.

Gelegenheit • Gelegenheit macht Diebe.
L'occasione fa l'uomo ladro. (prov.)

Geleit • das letzte Geleit geben
accompagnare qn. all'estrema dimora
Tutto il paese accompagnò il sindaco all'estrema dimora.

Gemüse • junges Gemüse
i giovani
Gli anziani dicono che i giovani d'oggi non sanno apprezzare i valori della famiglia.

Genick • jmd das Genick brechen
essere fatale a qn.
Le sue affermazioni politicamente scorrette gli sono state fatali.

gerufen • wie gerufen kommen
capitare / piovere come il cacio sui maccheroni (pop.), capitare a proposito
Il suo arrivo è capitato come il cacio sui maccheroni, perché ha potuto aiutarli con il lavoro.

Geschäft • Beim Geschäft hört die Freundschaft auf.
Conti / patti chiari, amici cari. (prov.) / Patti chiari, amicizia lunga. (prov.)

Geschenke • Kleine Geschenke erhalten die Freundschaft.
È il pensiero che conta.

Geschmack • Über Geschmack lässt sich (nicht) streiten.
I gusti son gusti.

geschniegelt • geschniegelt und gebügelt
in ghingheri (pop.)
Per andare in chiesa la domenica, mia nonna si metteva sempre in ghingheri.

Gesicht • wie aus dem Gesicht geschnitten
assomigliarsi come due gocce d'acqua (pop.), nato e sputato (pop.)
Quando ho visto suo fratello, l'ho scambiato per lui. Si assomigliano come due gocce d'acqua.

Gesicht • jmd steht etwas ins Gesicht geschrieben
leggere in faccia a qn.
Gli si legge in faccia che ha mentito.

Gesicht • zwei Gesichter haben
avere due facce (pop.)
È una persona imprevedibile, non sai mai come si comporterà, ha sempre due facce.

Gesicht • ein langes Gesicht machen
mettere / fare il muso (pop.), fare la faccia lunga (pop.), fare l'offeso / il broncio
Non gli ho comprato il gelato e ha fatto il muso tutto il giorno.

Gesicht • sein Gesicht verlieren
perdere la faccia
Se non consegno in tempo questo lavoro perderò la faccia con i colleghi.

Gesicht • sein Gesicht wahren
salvare la faccia
Hanno giocato talmente male che non hanno salvato nemmeno la faccia.

Gesicht • sein wahres Gesicht zeigen
rivelare il proprio vero volto
Spesso quando si beve molto, in una discussione si rivela il proprio vero volto.

Gespann • ein gutes Gespann sein
essere una coppia affiatata
Noi due siamo veramente una coppia affiatata, perché lavoriamo molto bene insieme.

Gespenster • Gespenster sehen
vedere fantasmi
Non puoi aver visto Luigi in discoteca ieri sera, perché era a casa. Credo che abbia visto dei fantasmi!

Gespött • sich zum Gespött der Leute machen
diventare lo zimbello della gente / di tutti
Andando in giro conciato in quel modo è diventato lo zimbello del villaggio.

gestern • nicht von gestern sein
non essere nato ieri (pop.)
So che questa storia non è vera, non sono mica nato ieri.

gestiefelt • gestiefelt und gespornt
star come l'uccello sulla frasca (pop.), esser pronto (per partire)
Era così felice di andare a pesca con il padre, che stava come l'uccello sulla frasca dalle cinque del mattino.

gestohlen • Der kann mir gestohlen bleiben!
Può andare al diavolo! (pop.) / Può andare a farsi fottere! (volg.) / Che si fotta! (volg.)

gestorben • Der ist für mich gestorben!
Per me non esiste più!

gesund • gesund und munter
sano e salvo
Dopo molte peripezie arrivammo sani e salvi a casa a mezzanotte passata.

Gevatter • Gevatter Tod
la morte
La morte lo ha strappato all'affetto dei suoi cari.

Gewissen • jmd / etwas auf dem Gewissen haben
avere qc. / qn. sulla coscienza
Nell'incidente ha travolto due persone e le avrà sulla coscienza per il resto della sua vita.

gewonnen • Wie gewonnen, so zerronnen. (prov)
Il denaro guadagnato facilmente, facilmente si spende. (prov.)

Gift • Darauf kannst du Gift nehmen.
Ci puoi scommettere. (pop.)

Glanz • mit Glanz und Gloria
in gran pompa (pop.) / in pompa magna (pop.)
L'anniversario del loro matrimonio è stato festeggiato in pompa magna nel miglior ristorante della città.

Glashaus • Wer im Glashaus sitzt, soll nicht mit Steinen werfen. (prov)
Chi ha la testa di vetro, non vada a battaglia di sassi. (prov.) / Chi ha il capo di cera, non vada al sole. (prov.)

Glaube • Der Glaube kann Berge versetzen. (prov)
La fede smuove le montagne. (bibl.)

glauben • Wer's glaubt, wird selig.
Beato chi ci crede.

gleich • Gleich und Gleich gesellt sich gern. (prov)
Ogni simile ama il suo simile. (prov.) / Dio li fa e poi li accoppia. (prov.)

gleich • Gleiches mit Gleichem vergelten
rendere pan per focaccia (pop.), ripagare qn. con la / della stessa moneta
In seguito all'attacco aereo degli americani, i terroristi gli hanno reso pan per focaccia facendo saltare in aria i camion dei soldati.

Glocke • etwas an die große Glocke hängen
strombazzare / gridare / spargere qc. ai quattro venti (pop.), mettere qc. in piazza (pop.)
Il fatto che sua moglie lo aveva lasciato è stato sparso ai quattro venti da sua madre.

Glück • auf gut Glück
sperando nel caso, a caso, alla ventura
Non conosceva l'indirizzo della sua amica, ma è partito lo stesso sperando nel caso di trovarla.

Glück • mehr Glück als Verstand haben
avere più fortuna che cervello (pop.)
Ha avuto più fortuna che cervello perché è riuscito a farsi prosciogliere dall'accusa.

Glück • dem Glück ein wenig nachhelfen
dare una mano alla fortuna
Speriamo che questi soldi diano una mano alla vostra fortuna.

Glück • Glück im Spiel, Pech in der Liebe. (prov)
Sfortunato al gioco, fortunato in amore. (prov.)

Glück • Glück im Unglück haben
avere fortuna nella sfortuna (pop.)
Ha avuto fortuna nella sfortuna, perché ha perso l'aereo che poi è precipitato.

Glück • das Glück ist jmd hold
la fortuna è dalla parte di qn.
Ha già vinto 3.000 Euro alla roulette, questa sera la fortuna è dalla sua parte.

Glück • Jeder ist seines Glückes Schmied.
Ognuno è artefice del proprio destino. (prov.) / Ciascuno è fabbro della sua fortuna. (prov.)

Glück • Man kann niemanden zu seinem Glück zwingen.
Si può portare il cavallo all'acqua, ma non costringerlo a bere. (prov.)

glücklich • Dem Glücklichen schlägt keine Stunde.
L'uomo felice non conosce il tempo. (prov.)

Glücksstern • unter einem Glücksstern geboren sein
esser nato sotto una buona stella (pop.)
È sempre stato in gamba in tutto ciò che faceva, ma non è solo bravura, è nato sotto una buona stella.

Glückssträhne
periodo fortunato
Sta attraversando un periodo fortunato, ogni affare che intraprende gli riesce.

Gnade • Gnade vor Recht ergehen lassen
usare clemenza
Il giudice ha usato clemenza e l'ha condannato a soli tre anni.

Gold • Es ist nicht alles Gold, was glänzt. (prov)
Non è tutt'oro quello che luccica. (prov.)

Gold • sich nicht mit Gold aufwiegen lassen
valere più dell'oro / più di tutto l'oro del mondo
Il tuo aiuto è impagabile, vale più dell'oro.

Gold • nicht für alles Gold in der Welt
non per tutto l'oro del mondo
Non venderei la mia casa per tutto l'oro del mondo.

Gold • treu wie Gold sein
fedele come un cane (pop.)
Posso sempre contare su di lui, è fedele come un cane nei miei confronti.

Goldwaage • (nicht) alles auf die Goldwaage legen
(non) pesare ogni parola (con la bilancia del farmacista) / (non) spaccare il capello in quattro (pop.)
«Non pesare ogni parola che dico, lo sai che mi piace scherzare.»

Gosse • aus der Gosse kommen
venire dalla strada
Il suo linguaggio è molto scurrile, perché è un uomo venuto dalla strada.

Gott • Hilf dir selbst, so hilft dir Gott.
Aiutati, che Dio t'aiuta. (prov.)

Gott • Gottes Mühlen mahlen langsam, aber gerecht. (prov)
Dio non paga il sabato. (prov.)

Gott • über Gott und die Welt reden
parlare del più e del meno
Abbiamo passato tutta la serata insieme a parlare del più e del meno.

Götter • Das wissen die Götter!
Lo sa Iddio! / Dio solo lo sa!

Götter • ein Bild für die Götter sein
fare una figura piuttosto grottesca / strana
Con il suo modo di fare ed il suo linguaggio ha fatto una figura molto strana.

Grab • sein eigenes Grab schaufeln
scavarsi la fossa (con le proprie mani) (pop.)
Comprando quell'azienda in rovina, si è scavato la fossa con le proprie mani.

Grab • sich im Grabe umdrehen
rivoltarsi nella tomba (pop.)
«Se tua nonna sapesse che hai sposato quell'uomo, si rivolterebbe nella tomba.»

Granit • bei jmd auf Granit beißen
trovare un osso duro (pop.)
Chiedendomi di poter andare in vacanza da solo alla sua età, ha trovato in me un osso duro perché non glielo permetterò mai.

Gras • Das Gras auf der anderen Seite ist immer grüner. (prov)
L'erba del vicino è sempre più verde. (prov.)

Gras • ins Gras beißen
tirare le cuoia (volg.), lasciarci la pelle (pop.)
Non deve correre come un dannato con la sua macchina, finirà col lasciarci la pelle.

Gras • Gras über eine Sache wachsen lassen
metterci una pietra sopra, è acqua passata
«Non parliamone più, mettiamoci una pietra sopra.»

Gras • das Gras wachsen hören
avere un udito finissimo, sentir l'erba crescere (pop.)
Quando ancora abitavo con i miei e tornavo a casa tardi la notte, mia madre se ne accorgeva sempre, aveva un udito finissimo.

grau • grau in grau
a tinte fosche, in modo pessimistico
Parlando del futuro della nazione, il presidente lo ha dipinto a tinte fosche.

Grausen • das kalte Grausen kriegen
sudare freddo
Quando siamo entrati in quel vecchio castello, ho veramente sudato freddo dalla paura.

Gretchenfrage • die Gretchenfrage stellen
porre la domanda da un milione di dollari

grob • aus dem Gröbsten heraus sein
aver superato il peggio
Ormai la febbre è passata e il paziente ha superato il peggio.

Groschen • der Groschen ist gefallen
Finalmente l'ho capita / l'ha capita.

grün • jmd nicht grün sein
non vedere qn. di buon occhio (pop.)
Non vede di buon occhio la nuora, ma è costretta a far buon visto a cattivo gioco.

grün • jmd grün und blau schlagen
riempire di botte qn. (pop.), fare nero qn. (pop.), picchiare qn. di santa ragione (pop.)
Quei teppisti hanno riempito di botte il custode che li ha sorpresi a rubare.

Gunst • die Gunst der Stunde nutzen
cogliere l'occasione
Quando si è trovata a tu per tu con il padre, ha colto l'occasione per chiedergli aiuto.

Gurgel • jmd an die Gurgel gehen
prendere qn. per il collo
Chiedere quegli interessi esorbitanti per un prestito vuol dire prendere per il collo una persona!

Gürtel • den Gürtel enger schnallen
tirare la cinghia (pop.)
Per il futuro dovrà tirare la cinghia se vuole sopravvivere.

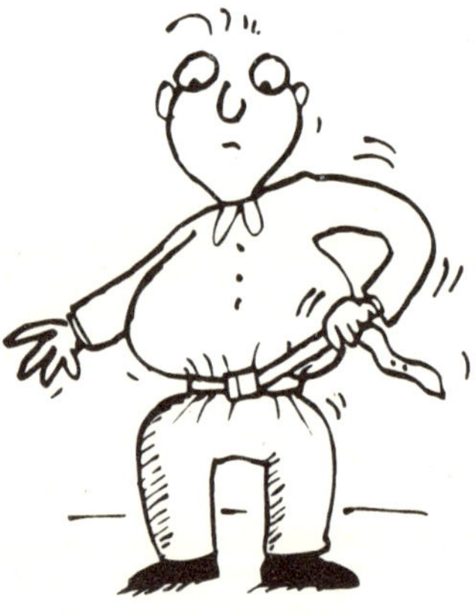

Gut • Unrecht Gut gedeihet nicht.
La farina del diavolo va tutta in crusca. (prov.)

gut • Es hat alles sein Gutes.
Non tutto il male vien per nuocere. (prov.)

Haar • um ein Haar
per un pelo (pop.), per poco
È arrivato in ritardo alla stazione e per un pelo stava per perdere il treno.

Haar • ein Haar in der Suppe finden
trovare qc. da ridire (pop.), cercare il pelo nell'uovo (pop.)
Non è mai d'accordo con quello che faccio, trova sempre qualcosa da ridire.

Haar • jmd aufs Haar gleichen
assomigliarsi come due gocce d'acqua (pop.)
Sono madre e figlia e si assomigliano come due gocce d'acqua.

Haare • Haare auf den Zähnen haben
essere un attaccabrighe (pop.)
Il suo ragazzo è un attaccabrighe, cerca sempre un motivo per litigare.

Haare • etwas ist an den Haaren herbeigezogen
è tirato per i capelli (pop.)
Non ti credo, la tua storia sembra tirata per i capelli.

Haare • sich die Haare raufen
strapparsi i capelli (pop.)
Quando ha saputo che gli avevano rubato la macchina, si è strappato i capelli dalla rabbia.

Haare • jmd die Haare vom Kopf fressen
ridurre qn. in miseria (vivendo alle sue spalle)
Mia moglie mi ridurrà in miseria se continua a spendere in questo modo.

Haare • sich keine grauen Haare wachsen lassen
non darsi pensiero di qc., non farsi venire i capelli bianchi (pop.), non farsi guastare il sangue (pop.)
I tuoi problemi non mi interessano, non intendo farmi venire i capelli bianchi per questo.

Haare • jmd stehen die Haare zu Berge
a qn. si rizzano i capelli (pop.)
A vedere il disordine che avevano lasciato, gli si rizzarono i capelli in testa.

Haaresbreite • um Haaresbreite
per un pelo
È arrivata in ritardo all'aeroporto e per un pelo stava per perdere l'aereo.

haargenau
esattamente, precisamente
Ha ripetuto esattamente quello che gli avevano detto.

Haarspalterei • Haarspalterei betreiben
spaccare un capello in quattro (pop.), cavillare, sofisticare
Non cavillare troppo su ogni frase, altrimenti non finiremo mai.

Hab • Hab und Gut
i propri averi, le proprie sostanze
A causa dell'uragano ha perso tutti i suoi averi.

Habenichts • ein Habenichts sein
essere un poveraccio (pop.)
È un poveraccio che vive sotto i ponti.

Hafer • Ihn sticht der Hafer.
Alza la cresta.

Hahn • der Hahn im Korbe sein
essere il gallo nel pollaio (pop.)
Voglio invitare anche alcuni ragazzi alla mia festa, altrimenti mio fratello sarà di nuovo il gallo nel pollaio.

Hahn • Danach kräht kein Hahn mehr!
Nessuno se ne cura più! / Non interessa più nessuno!

Hahnenschrei • beim ersten Hahnenschrei aufstehen
alzarsi al canto del gallo (pop.)
Si alza sempre al canto del gallo per prendere il primo treno.

Haken • Das ist der Haken!
È qui che casca l'asino! (pop.)

Hals • etwas in den falschen Hals bekommen
prendere fischi per fiaschi (pop.)
«Hai preso fischi per fiaschi, non intendevo offenderti!»

Hals • jmd / etwas auf dem / am Hals haben
avere qc. / qn. alle costole (pop.)
È tutto il giorno che l'ho alle costole, non so come liberarmene.

Hals • zum Hals heraushängen
essere stufo di qc. (pop.), averne le scatole (pop.) / tasche (pop.) piene di qc.
Ne ho le scatole piene di questo discorso, cambiamo argomento!

Hals • den Hals nicht voll kriegen
essere senza fondo / insaziabile
È un ragazzo senza fondo, mangia per tre.

Hals • Hals über Kopf
di punto in bianco
Di punto in bianco la loro figlia è partita per l'America e non si è mai più fatta viva.

Hals • sich jmd an den Hals werfen
essere invadente con qn.
È una persona molto invadente, cerca sempre di attirare l'attenzione di tutti.

Hals • jmd Hals- und Beinbruch wünschen
augurare in bocca al lupo a qn. (pop.) (man antwortet darauf: «Crepi (il lupo)!»
Gli abbiamo augurato in bocca al lupo per il suo esame di guida.

Halsabschneider • ein Halsabschneider sein
essere un usuraio / uno strozzino (pop.)
Gli interessi che chiede sono da usuraio.

Hammer • unter den Hammer kommen
essere messo all'asta (pop.)
Tutti i quadri della famiglia furono messi all'asta.

Hand • Hand anlegen
mithelfen: dare una mano (pop.)
Se mi dai una mano finiamo prima.

Hand • Hand an sich legen
togliersi la vita
Quando ha scoperto di essere molto malato, desiderava togliersi la vita.

Hand • auf der Hand liegen
essere evidente
La soluzione del problema è molto evidente.

Hand • die Hand auf der Tasche haben
essere uno spilorcio (pop.) / un taccagno (pop.)
Non da mai una lira di elemosina, è un gran taccagno.

Hand • Hand aufs Herz!
Mano sul cuore! (pop.)

Hand • etwas unter der Hand bekommen
prendere qc. sotto banco (pop.) / al mercato nero
In tempo di guerra la gente prendeva il cibo spesso sotto banco, perché le tessere non bastavano mai.

Hand • jmd zur Hand gehen
dare una mano a qn.
«Puoi darmi una mano a portare in cantina queste bottiglie?"

Hand • freie Hand haben
avere carta bianca / campo libero
«Puoi organizzare tutto come meglio credi, hai carta bianca.»

Hand • etwas aus erster Hand haben
avere qc. di prima mano / da fonte diretta
«Ti giuro che è vero, quest'informazione l'ho avuta di prima mano.»

Hand • jmd in der Hand haben
tenere in pugno qn.
Abbiamo scoperto tutto quello che ha fatto la sera dell'omicidio e lo teniamo in pugno.

Hand • seine Hand im Spiel haben
avere le mani in pasta (pop.)
Credo che anche quell'imbroglione abbia le mani in pasta nell'affare.

Hand • für jmd / etwas die Hand ins Feuer legen
mettere la mano sul fuoco (pop.)
Sono sicuro che farà tutto onestamente, ci metto la mano sul fuoco.

Hand • weder Hand noch Fuß haben
non avere né capo né coda (pop.), non stare né in cielo né in terra (pop.)
Il suo discorso è molto confuso, non ha né capo né coda.

Hand • die rechte Hand von jmd sein
essere il braccio destro di qn. (pop.)
È il braccio destro del presidente ed è sempre al suo fianco.

Hand • von langer Hand vorbereiten
preparare da lungo tempo
La festa era preparata da lungo tempo e tutto filò alla perfezione.

Hand • Eine Hand wäscht die andere. (prov)
Una mano lava l'altra (e tutt'e due lavano il viso). (prov.)

Hände • zwei linke Hände haben
avere le mani di pasta frolla (pop.), non sapere tenere l'ago in mano (pop.)
È un'ora che cerca di montare la libreria, ma non ci riesce. Ha le mani di pasta frolla.

Hände • die Hände in den Schoß legen
stare con le mani in tasca (pop.), stare con le mani in mano
Sta sempre con le mani in tasca e non aiuta mai in casa.

Hände • (nicht) mit leeren Händen kommen
(non) venire a mani vuote
Quando lo invitiamo a casa nostra non viene mai a mani vuote, porta tanti regalini per i piccoli.

Hände • jmd in die Hände spielen
fare il gioco di qn. (pop.)
Con la sua politica dei prezzi ci danneggia e fa il gioco della concorrenza.

Hände • in die Hände spucken
mettersi al lavoro di buona lena, rimboccarsi le maniche (pop.), darci dentro (pop.)
Dobbiamo rimboccarci le maniche e imbiancare tutta la casa.

Hände • alle Hände voll zu tun haben
avere tanto da fare
Ha tanto da fare che non riesce neanche a telefonarmi.

händeringend • händeringend nach etwas / jmd suchen
cercare disperatamente / urgentemente qn. / qc.
«Cerchiamo urgentemente due ragionieri per il reparto contabilità.»

Handgelenk • etwas aus dem Handgelenk schütteln
fare qc. con facilità, in quattro e quattr'otto (pop.)
È incredibile con quanta facilità lui riesca a trovare giustificazioni per il suo comportamento.

Handschlag • keinen Handschlag tun
non muovere un dito (pop.)
È un fannullone, non muove mai un dito per fare le pulizie in casa.

Handtuch • das Handtuch werfen
gettare la spugna (pop.)
«Non gettare la spugna, ce l'hai quasi fatta!»

Handumdrehen • im Handumdrehen
in un batter d'occhio (pop.) / di ciglia / d'ali (antiq.), in men che non si dica (pop.), in un baleno / lampo (pop.)
«Esco subito di casa e sono da te in un baleno!»

Handwerk • jmd das Handwerk legen
porre fine alle malefatte di qn.
La polizia ha scoperto i nomi dei criminali e ha posto fine alle loro malefatte.

Handwerk • jmd ins Handwerk pfuschen
immischiarsi nel lavoro degli altri
«Non immischiarti nel mio lavoro e pensa a fare bene il tuo!»

Hänschen • Was Hänschen nicht lernt, lernt Hans nimmermehr. (prov)
Non è possibile far cambiare ai vecchi le loro abitudini / idee. (prov) / Chi di venti non sa, di trenta non ha. (prov.)

Hansdampf • Hansdampf in allen Gassen sein
essere un faccendone (pop.)
Si crede di essere un falegname, ma è solo un faccendone adatto per piccoli lavori.

Harnisch • in Harnisch geraten
a qn. sale la mosca al naso (pop.), uscire dai gangheri (pop.), montare in bestia (pop.)
Quando ha saputo del tradimento del suo socio, è montato in bestia e ha sciolto la società con lui.

hart • hart gesotten sein
essere un duro (pop.), avere la pelle dura (pop.)
È un tipo dalla pelle dura, non ha aperto bocca nemmeno quando lo hanno torturato.

hart • wenn es hart auf hart kommt
quando si fa sul serio
Quando si farà sul serio nella scelta fra figli e carriera, io mi deciderò per i figli.

Hase • ein alter Hase sein
essere una vecchia volpe (pop.)
L'uomo che l'ha aiutato a girare il film, era una vecchia volpe nel campo del cinema.

Hasenfuß • ein Hasenfuß sein
essere un coniglio (pop.) / cuor di coniglio (pop.) / cacasotto (volg.)
Tutti lo chiamavano «cacasotto» perché a 15 anni aveva ancora paura di dormire al buio.

Haube • unter die Haube bringen
far accasare qn.
Per un padre con cinque figlie femmine è un compito difficile accasarle tutte.

Haubitze • voll wie eine Haubitze sein
essere ubriaco fradicio (pop.)
Quand'è tornato dal bar, era ubriaco fradicio e non trovava il buco della serratura.

hauen • Das haut nicht hin.
Non funziona.

Häufchen • wie ein Häufchen Elend
ridotto come uno straccio (pop.)
Era seduto lì ridotto come uno straccio dopo che la sua ragazza lo aveva lasciato.

Haus • ein fideles Haus sein
essere un allegrone (pop.) / bontempone (pop.)
È un bontempone che ama sempre scherzare.

hausbacken • hausbacken sein
noioso, semplice, mediocre
È una persona mediocre e molto semplice che non si fa notare mai da nessuno.

Häuschen • ganz aus dem Häuschen sein
andare in brodo di giuggiole (pop.)
Quando ha saputo di essere incinta è andata in brodo di giuggiole.

haushoch • jmd haushoch überlegen sein
essere di gran lunga superiore
La sua conoscenza della matematica è di gran lunga superiore a quella di qualsiasi altra persona che io conosca.

häuslich • sich häuslich niederlassen
attaccare il cappello al chiodo (pop.)
Quell'amica voleva restare da noi per una settimana, ma sono passati tre mesi e ancora non è partita. Temo proprio che abbia attaccato il cappello al chiodo a casa nostra.

Haut • mit heiler Haut davonkommen
salvare la pelle
Mi sono salvato la pelle per miracolo in quell'incidente.

Haut • unter die Haut gehen
toccare il cuore
Le sue parole erano talmente commoventi che mi hanno toccato il cuore.

Haut • nicht aus seiner Haut können
smentire la propria natura
Il lupo perde il pelo, ma non il vizio. (prov.)

Haut • seine Haut retten
mettersi in salvo
Quando videro arrivare l'uragano, corsero a mettersi in salvo nel rifugio.

Haut • eine ehrliche Haut sein
essere un tipo schietto / sincero
È un tipo schietto che dice sempre quello che pensa.

Haut • nur Haut und Knochen sein
essere tutto pelle ed ossa (pop.)
I soldati tornati dalla prigionia erano tutti pelle ed ossa.

Haut • sich seiner Haut wehren
difendere la pelle (pop.)
Devo difendere la mia pelle e non posso pensare anche agli altri.

Hebel • alle Hebel in Bewegung setzen
tentare tutti i mezzi possibili
Per avere quel posto di lavoro tentò tutti i mezzi possibili.

Hefekloß • aufgehen wie ein Hefekloß
metter su chili / peso (pop.), allargarsi (pop.), gonfiarsi (pop.)
Negli ultimi tempi devo aver messo su un paio di chili, i vestiti non mi entrano più.

Heim • Heim und Herd verlassen
piantare baracca e burattini (pop.)
Negli anni cinquanta molti italiani piantarono baracca e burattini ed emigrarono al Nord.

heimlich • heimlich, still und leise
di nascosto
Ha cominciato a fumare di nascosto già a dodici anni.

heiß • ganz heiß auf etwas sein
non veder l'ora, desiderare ardentemente qc.
«Non vedo l'ora che arrivi l'estate.»

Heller • jmd etwas auf Heller und Pfennig zurückzahlen
pagare fino all'ultimo centesimo
Ho pagato tutti i miei debiti fino all'ultimo centesimo.

Heller • keinen roten Heller besitzen
avere le tasche vuote (pop.), essere corto di denaro (pop.), non avere un baiocco (antiq.), non avere il becco / l'ombra di un quattrino (pop.)
Mi dispiace, non posso prestarti niente perché non ho il becco di un quattrino.

Hemd • jmd das letzte Hemd ausziehen
lasciare qn. in mutande (pop.) / camicia (pop.)
Ieri sera ha giocato a carte fino a tardi e alla fine lo hanno lasciato in mutande.

Herd • Eigener Herd ist Goldes wert. (prov)
Casa mia, casa mia, per piccina che tu sia, tu mi sembri una badia. (prov.)

hereinfallen • auf jmd hereinfallen
cascarci (pop.)
Mi ha fatto credere di essere innamorato di me ed io ci sono cascata. Non era vero niente.

hereinschneien
piombare (in casa) (pop.)
Volevo passare una serata tranquilla, ma mi sono piombati in casa i miei suoceri.

Heringe • wie die Heringe
come sardine
Il treno era così pieno che abbiamo fatto tutto il viaggio pigiati come sardine.

Herr • Wie der Herr, so's Gescherr. (prov)
Tal padrone, tal servitore. (prov.)

Herren • aus aller Herren Länder
da ogni dove
Sono arrivati per partecipare alle gare da ogni dove.

Herz • jmd blutet das Herz
a qn. sanguina / piange il cuore (pop.)
«Mi piange il cuore, ma questa volta non ho una somma così grande da prestarti.»

Herz • jmd bricht das Herz
a qn. si spezza il cuore (pop.)
Il divorzio dal marito le ha spezzato il cuore e non si è ancora ripresa.

Herz • sein Herz an etwas hängen
tenerci, stare a cuore
A tutti sta a cuore la tua felicità e faremo di tutto per accontentarti.

Herz • das Herz auf dem rechten Fleck haben
essere una persona di cuore
È una persona di cuore, sempre disposta ad aiutare tutti.

Herz • das Herz auf der Zunge haben
avere il cuore sulle labbra (pop.)
Ha il cuore sulle labbra e parla apertamente dei suoi sentimenti.

Herz • ein Herz aus Gold haben
avere un cuore d'oro (pop.)
La mia nipotina ha veramente un cuore d'oro, mi viene a trovare tutti i giorni.

Herz • sein Herz ausschütten
aprire il proprio cuore a qn.
Mia sorella mi ha aperto il suo cuore confidandomi quello che le era capitato.

Herz • ein Herz aus Stein haben
avere il cuore di pietra (pop.)
Quell'uomo ha trattato la moglie con molta durezza, ha proprio un cuore di pietra.

Herz • etwas nicht übers Herz bringen
non avere cuore / coraggio di...
Non ho il coraggio di dirgli la verità.

Herz • sich ein Herz fassen
farsi cuore / coraggio
Si è fatto coraggio e ha confessato ai genitori di essere gay.

Herz • jmd ans Herz gewachsen sein
stare a cuore a qn.
Se ti occupi di quella bambina, immagino che ti stia molto a cuore.

Herz • das Herz lacht einem im Leibe
il cuore balza in petto dalla gioia a qn. (pop.)
Vedendo arrivare il suo ragazzo, le è balzato in petto il cuore dalla gioia.

Herz • jmd etwas ans Herz legen
raccomandare vivamente qc. a qn.
Gli ha raccomandato vivamente di fare attenzione, perché era una faccenda molto delicata.

Herz • jmd / etwas auf Herz und Nieren prüfen
sottoporre qn. / qc. a un severo esame
Prima di concedergli la mano della figlia, lo ha sottoposto ad un severo esame.

Herz • ein Herz und eine Seele
pappa e ciccia (pop.), due anime in un nocciolo (pop.), due cuori e una capanna (pop.)
Sono amici inseparabili come due cuori e una capanna.

Herzen • mit dem Herzen dabei sein
metterci l'anima (pop.)
Ci mette l'anima nell'insegnamento ed è un professore bravissimo.

Herzen • etwas auf dem Herzen haben
avere un peso sul cuore (pop.)
Mi ha chiamato perché aveva un peso sul cuore e voleva parlarmene.

Herzen • aus seinem Herzen keine Mördergrube machen
parlare con il cuore in mano (pop.)
Mi ha parlato veramente con il cuore in mano e mi ha convinto.

Herzen • sich etwas zu Herzen nehmen
prendersi qc. a cuore
Si è preso a cuore la mia situazione e ha trovato una soluzione al problema.

Herzenslust • nach Herzenslust
a piacere
C'era un buffet grandioso e abbiamo potuto mangiare a piacere.

Heulen • mit Heulen und Zähneklappern
con pianto e stridor di denti (bibl.)
Ha confessato la verità con pianto e stridor di denti.

hieb • hieb- und stichfest sein
inattaccabile
Il suo alibi è inattaccabile e l'hanno rilasciato.

Himmel • Das stinkt zum Himmel!
essere inaudito, gridare vendetta (pop.)
Quest'ingiustizia grida vendetta.

Himmel • Ach du lieber Himmel!
Santo cielo! (pop.) / Dio mio! (pop.) / Mamma mia! (pop.) / Oh cielo! / Santi numi! (antiq.) / Che mi venga un colpo! / Perbacco! (antiq.) / Oh cavolo! (pop.)

Himmel • jmd den Himmel auf Erden versprechen
promettere il cielo in terra (pop.)
Per sposarla le ha promesso il cielo in terra.

Himmel • jmd in den Himmel heben
portare qn. ai sette cieli (pop.)
Ogni volta che sua figlia prende un bel voto a scuola, la porta ai sette cieli.

Himmel • im siebenten Himmel sein
essere al settimo cielo (pop.), toccare il cielo con un dito (pop.)
Quando lui le chiese di sposarlo, lei toccò il cielo con un dito.

Himmel • Um Himmels willen!
Per l'amor del cielo! (pop.) / Per carità! / Per l'amor d'Iddio! (antiq.)

Himmeldonnerwetter
Santo cielo!

Himmelfahrtskommando
missione suicida
Devi essere matto a voler partecipare a questa missione suicida!

Himmelfahrtsnase
naso all'insù (pop.)
Mia figlia ha un bel nasino all'insù come sua madre.

hin • hin- und hergerissen sein
essere combattuto
Sono combattuto se andare in vacanza ai Carabi o in Giamaica.

hintenan • jmd hintenan stellen
mettere qn. in secondo piano (pop.)
Ha messo in secondo piano suo marito per pensare alla carriera.

hinten • nach hinten losgehen
ritorcersi contro
Il tentativo di salvare il suo matrimonio andando dalla consulente matrimoniale le si è ritorto contro. Suo marito si è innamorato della consulente.

Hinterhand • etwas in der Hinterhand haben
tenere di riserva un asso nella manica (pop.)
Sembrava che avesse perso la partita, ma teneva ancora un asso nella manica e alla fine li convinse a collaborare.

Hintern • Ich könnte mich in den Hintern beißen!
Potrei mordermi le dita! (pop.)

Hintertreffen • ins Hintertreffen geraten
perdere terreno (pop.), essere scavalcato
I medici devono tenersi sempre aggiornati se non vogliono perdere terreno nella loro professione.

Hintertürchen • sich ein Hintertürchen offen halten
lasciarsi aperta una via di fuga (pop.)
Quando è andata ad abitare dal suo ragazzo, si è lasciata aperta una via di fuga conservando la sua stanza presso i genitori.

Hinz • Hinz und Kunz
cani e porci (pop.)
Ha invitato cani e porci al suo matrimonio, c'erano 500 invitati!

Hiobsbotschaft • eine Hiobsbotschaft bringen
portare un annuncio funesto
Fu la vicina di casa a portarle l'annuncio funesto dell'incidente occorso al figlio.

Hirn • sich das Hirn zermartern
scervellarsi, rompersi la testa (pop.), lambiccarsi il cervello (pop.)
Mi sto scervellando da ore, ma non riesco a ricordare il nome di quella persona.

hochkommen • Wenn es hochkommt, ist es hundert Euro wert.
Al massimo saranno cento Euro. / A dir tanto saranno cento Euro.

hochleben • jmd hochleben lassen
fare un evviva a qn.
Dopo la vittoria hanno fatto un evviva all'allenatore della squadra.

Hochmut • Hochmut kommt vor dem Fall. (prov)
Quando superbia galoppa, vergogna siede in groppa. (prov. bibl.)

Hochzeiten • auf zwei Hochzeiten tanzen
tenere il piede in due staffe (pop.)
Non saper rinunciare all'automobile, ma voler ridurre l'inquinamento atmosferico è tenere il piede in due staffe.

Hof • jmd den Hof machen
fare la corte (pop.) / il filo (pop.) a qn., corteggiare qn.
Le ha fatto la corte per due anni prima di chiederle di sposarlo.

Höhe • Das ist die Höhe!
Questo è il colmo! (pop.) / È il colmo dei colmi! (pop.)

Höhe • nicht auf der Höhe sein
non essere all'altezza (pop.)
Non è all'altezza del suo compito, è troppo inesperto.

Höhle • sich in die Höhle des Löwen begeben
cacciarsi nella tana del leone (pop.), affrontare il leone nella sua tana (pop.)
«Devo andare a parlare con il mio capo. Vieni con me nella tana del leone?»

Hölle • jmd die Hölle heiß machen
non dar tregua a qn.
Non gli ha dato tregua per mesi finché lui ha acconsentito a comprarle la macchina.

holterdiepolter
a rompicollo e con gran fracasso (pop.)
All'uscita della scuola i ragazzi escono sempre a rompicollo e con gran fracasso.

Holz • aus einem Holz geschnitzt sein
essere della stessa pasta (pop.), essere dello stesso calibro (pop.)
So benissimo che Valentina non farebbe mai una cosa del genere, la conosco, siamo della stessa pasta.

Holz • auf Holz klopfen
toccare ferro (pop.)
Domani per il compleanno di mio marito facciamo un barbecue in giardino. Tocchiamo ferro che sia una bella giornata!

Holzweg
essere fuori strada (pop.)
«Sei completamente fuori strada, questa non è la soluzione adatta!»

Honig • Das ist kein Honigschlecken.
Non sarà una passeggiata. (pop.) / Non sarà come bere un bicchiere d'acqua. (pop.)

Honigkuchenpferd • wie ein Honigkuchenpferd strahlen
sorridere da un orecchio all'altro (pop.), sprizzare gioia da tutti i pori (pop.)
Quando lo vide arrivare sorrise da un orecchio all'altro e gli corse incontro.

Hopfen • Da ist Hopfen und Malz verloren.
Si perde il ranno e il sapone.

Hören • Da vergeht einem Hören und Sehen!
C'è da restare a bocca aperta!

hören • Wer nicht hören will, muss fühlen. (prov)
Chi non vuol ascoltare consigli, dovrà imparare a sue spese.

Horizont • Das geht über meinen Horizont.
Non ci arrivo. (pop.)

Horn • ins gleiche Horn blasen
essere della stessa opinione di qn.
Lui è convinto che vincerà il partito della maggioranza e io sono della stessa opinione.

Hörner • sich die Hörner abstoßen
darsi alla pazza gioia (pop.)
Prima di sposarsi si è dato alla pazza gioia con tutti i suoi amici.

Hörner • Sie setzt ihrem Ehemann Hörner auf.
Ha messo le corna a suo marito.

Hosenboden • sich auf den Hosenboden setzen
mettersi a studiare con impegno
«Se ti metterai a studiare con impegno, sono sicura che sarai promosso.»

hü • Der eine sagt hü, der andere sagt hott.
Ognuno fa come gli pare. (pop.) / Chi la vuol cotta, chi cruda. (pop.)

huckepack • jmd huckepack tragen
portare qn. a cavalluccio (pop.)
Ho portato a cavalluccio mio nipote per tutta la giornata e adesso mi fa male la schiena.

Huhn • wie ein gerupftes Huhn aussehen
sembrare un pollo spennato (pop.)
Sembra un pollo spennato, dev'esser stato dal parrucchiere.

Huhn • Ein blindes Huhn findet auch einmal ein Korn. (prov)
Talvolta anche una gallina cieca trova un granello. (prov.) / Anche un cieco a volte può cogliere nel segno. (prov.)

Huhn • das Huhn schlachten, das die goldenen Eier legt
uccidere la gallina dalle uova d'oro (pop.)
Licenziando tutti quegli operai hanno ucciso la gallina dalle uova d'oro, perché ora non riescono a stare dietro alla produzione.

Hühnchen • mit jmd noch ein Hühnchen zu rupfen haben
avere dei conti da regolare con qn. (pop.)
Ho dei conti da regolare con il mio amico che ieri non è venuto a prendermi; ho dovuto fare tutta la strada a piedi.

Hühner • Da lachen ja die Hühner!
Fa ridere i polli! (pop.)

Hülle • in Hülle und Fülle
a bizzeffe (pop.)
Ci sono delle belle ragazze a bizzeffe, ma non ce n'è una intelligente.

Hund • bekannt sein wie ein bunter Hund
essere conosciuto come la bettonica (pop.)
È conosciuto come la bettonica nel nostro paese, nonostante abiti qui da solo un anno.

Hund • auf den Hund gekommen sein
essere ridotto ad uno straccio (pop.), esser andato in rovina
Da quando la moglie lo ha lasciato è ridotto ad uno straccio.

Hund • Da wird ja der Hund in der Pfanne verrückt!
Santo cielo! / Non ci credo! (pop.)

Hund • ein krummer Hund sein
essere un impostore / truffatore (pop.)
Meglio non fidarsi di lui, tutti sanno che è un truffatore.

Hund • wie Hund und Katze sein
essere come cane e gatto (pop.) / l'acqua e il fuoco (pop.) / come il diavolo e l'acqua santa (pop.)
I due fratelli sono come il diavolo e l'acqua santa: non fanno altro che litigare dalla mattina alla sera.

Hunde • Hunde, die bellen, beißen nicht. (prov)
Can che abbaia non morde. (prov.)

Hunde • vor die Hunde gehen
andare in rovina
Dopo che ha lasciato la famiglia è andato in rovina e ora vive sotto i ponti.

Hunde • keine schlafenden Hunde wecken
Non svegliare il can che dorme. (prov.)

hundemüde sein
essere stanco morto (pop.) / sfinito (pop.) / spompato (pop.) / a pezzi (pop.)
Stasera rimango a casa, sono veramente a pezzi e voglio andarmene a letto.

Hungertuch • am Hungertuch nagen
patire la fame
In molti paesi dell'Asia si patisce ancora la fame.

Hut • unter einen Hut bringen
mettere tutti d'accordo
La cosa più difficile prima di organizzare qualcosa fra amici è mettere tutti d'accordo.

Hut • den Hut herumgehen lassen
fare un giro di cappello (pop.), fare la colletta
Dopo l'esibizione il suonatore ambulante fece un giro di cappello fra la folla.

Hut • Da geht einem der Hut hoch!
C'è da arrabbiarsi sul serio!

Hut • auf der Hut sein
stare in guardia / all'erta
«State in guardia, bambini, e non accettate caramelle da sconosciuti!»

Hut • Das kannst du dir an den Hut stecken!
Scordatelo!

Hut • den Hut vor jmd ziehen
far tanto di cappello a qn. (pop.)
Hai fatto proprio un bel lavoro, ti faccio tanto di cappello.

Hutschnur • über die Hutschnur gehen
Adesso basta! (pop.) / Ora esagera! / Sta superando i limiti!

I • I bewahre!
Per carità! / Nemmeno per sogno! (pop.)

Idee • eine fixe Idee
un chiodo fisso (pop.)
È ormai un chiodo fisso per lui fare questo viaggio in Perù, non glielo togli più dalla testa.

in • in sich gehen
riflettere a lungo, meditare
Ho riflettuto a lungo sul problema e ho deciso di concederti un'altra settimana di tempo.

in • es in sich haben
non essere da poco (pop.) / da sottovalutare, essere peggio di quanto sembra
Questo problema non è da poco, speriamo di trovare una soluzione!

Innerste • bis ins Innerste getroffen sein
colpire profondamente / fino al cuore (pop.)
Questo suo discorso mi ha colpito fino al cuore.

Irren • Irren ist menschlich. (prov)
Errare humanum est. (prov. lat.) / Errare è umano. (prov.)

ja • ein Ja-Sager sein
essere uno che dice sempre di sì
(im Italienischen sagt man eher: uno che non sa dire di no: einer, der nicht Nein sagen kann)
È un ragazzo che dice sempre di sì e poi si ritrova a dover risolvere i problemi degli altri.

Jacke • Die Jacke ziehe ich mir nicht an.
Non mi assumo questa responsabilità!

Jacke • das ist Jacke wie Hose
Se non è zuppa è pan bagnato.

Jahr • das verflixte siebente Jahr
il maledetto settimo anno

Jahre • alle Jahre wieder
tutti gli anni
Tutti gli anni è Natale.

Jammerlappen • ein Jammerlappen sein
essere una lagna (pop.) / un piagnucolone (pop.)
Il mio nuovo collega è veramente una lagna, non fa altro che lamentarsi dalla mattina alla sera.

Jeder • Jeder ist sich selbst der Nächste.
La prima carità comincia da sé stessi. (prov.) / Prima i denti e poi i parenti. (prov.)

Jordan • über den Jordan gehen
<u>kaputt gehen:</u> rompersi, sfasciarsi
<u>sterben:</u> andare all'altro mondo, passare a miglior vita
Quel povero vecchietto vive da solo da quando sua moglie è passata a miglior vita.

Jubeljahr • alle Jubeljahre (einmal)
ogni morte di papa (pop.)
Mi viene a trovare ogni morte di papa, vorrei vederla molto più spesso.

Judaslohn • Judaslohn (bekommen)
ricevere il denaro di Giuda
Dopo aver imbrogliato i suoi amici, ricevette il denaro di Giuda.

Jux • aus lauter Jux und Tollerei
per divertimento / gioco
I bambini buttavano per gioco acqua sulla testa dei passanti.

jwd
a casa del diavolo (pop.)
Ha comprato una casa bellissima, ma è lontanissima, a casa del diavolo.

Kaffee • Das ist doch kalter Kaffee!
È minestra riscaldata. (pop.) / Son cose fritte e rifritte. (pop.)

Käfig • im goldenen Käfig sitzen
stare in una gabbia dorata
Nel castello il giovane principe godeva di ogni lusso e comodità, ma un giorno decise di lasciare la sua gabbia dorata per scoprire nuovi mondi.

Kaiser • sich um des Kaisers Bart streiten
discutere sul sesso degli angeli (pop.), discutere di lana caprina (pop.)
Parlare di questo progetto è come discutere sul sesso degli angeli, visto che non si realizzerà mai.

Kaiser • Wo nichts ist, hat der Kaiser sein Recht verloren. (prov)
Chi non ne ha, non ne versa. (prov.) / Non si può cavar sangue da una rapa. (prov.)

Kaiser • Der / Er kommt sich vor wie der Kaiser von China.
Si crede Dio in terra! (pop.) Crede di essere Dio! (pop.)

Kaiser • wo der Kaiser zu Fuß hingeht
il gabinetto, la toilette

Kaliber • von gleichem Kaliber sein
essere dello stesso calibro (pop.) / stampo (pop.) / della stessa risma (pop.)
Tuo padre e il tuo ragazzo andranno sicuramente d'accordo, sono dello stesso stampo.

Kamellen • Das sind doch olle Kamellen!
Sono vecchie storie! / Non è niente di nuovo!

Kamm • nicht alles über einen Kamm scheren
non fare di ogni erba un fascio (pop.)
Si dice che tutte le modelle sono anoressiche, ma non bisogna fare di ogni erba un fascio.

Kampfhahn • ein Kampfhahn sein
essere un attaccabrighe (pop.)
Il suo ragazzo è un attaccabrighe, cerca sempre un motivo per litigare.

Kandare • jmd fest an die Kandare nehmen
tenere sotto controllo qn.
In caserma i soldati devono essere tenuti sotto controllo.

Kanone • Das ist unter aller Kanone!
da cani (pop.), malissimo
Si è comportato da cani alla festa e tutti ne erano indignati, non lo inviteranno mai più.

Kanonenrohr • Heiliges Kanonenrohr!
Oh mamma mia! (pop.) / Perdindirindina! (antiq.)

Kapitel • ein Kapitel für sich sein
essere ben altra faccenda, essere un'altra storia, essere un capitolo a sé
Adesso non è il momento di parlare del mio licenziamento, questa è un'altra storia.

Kappe • etwas auf seine Kappe nehmen
assumersi la responsabilità di qc., sobbarcarsi di qc.
Non ti preoccupare, se ti beccano, me ne assumo io la responsabilità.

Karren • den Karren aus dem Dreck ziehen
sbrogliare la matassa (pop.)
Adesso dobbiamo vedere come sbrogliare la matassa!

Karte • alles auf eine Karte setzen
puntare tutto su una carta (pop.)
Puntiamo tutto su una carta e stiamo a vedere cosa succede.

Karten • sich nicht in die Karten schauen lassen
non scoprire le proprie carte (pop.)
È molto difficile capire le sue intenzioni perché non scopre mai le sue carte.

Karten • seine Karten auf den Tisch legen
mettere le carte in tavola (pop.), scoprire le carte (pop.), rivelare il proprio gioco (pop.)
«Se non metti le carte in tavola, non riuscirò mai ad aiutarti.»

Kartenhaus • zusammenstürzen wie ein Kartenhaus
cadere come un castello di carte (pop.)
Tutte le sue bugie caddero come un castello di carta quando scoprimmo la verità.

Kartoffeln • rin in die Kartoffeln, raus aus'n Kartoffeln
fare e disfare è tutto un lavorare
Ma deciditi finalmente!

Käseblatt
giornale scandalistico
Crede di essere aggiornato su ciò che succede al mondo leggendo quel giornale scandalistico. Sarebbe meglio se guardasse il telegiornale.

Kasse • da klingelt die Kasse
fare cassa (pop.), incassare
Oggi gli affari sono andati bene, abbiamo incassato una barca di soldi!

Kasse • jmd zur Kasse bitten
battere cassa (pop.)
Mi è arrivata una lettera dall'ufficio delle imposte, tanto per cambiare battono di nuovo cassa.

Kasse • getrennte Kasse machen
fare cassa separata (pop.)
Le tre studentesse hanno affittato un appartamento in comune, ma per le altre spese fanno cassa separata.

Kasse • gut bei Kasse sein
star bene a quattrini (pop.), avere le tasche ben fornite (pop.)
Mi sembra che stia bene a quattrini, va tutte le sere a cena al ristorante.

Kasse • schlecht bei Kasse sein
essere a corto di denaro (pop.) / quattrini (pop.)
Sono a corto di denaro, quest'anno non andrò in vacanza da nessuna parte.

Kastanien • für jmd die Kastanien aus dem Feuer holen
cavare le castagne dal fuoco per qn. (pop.)
Le mie sorelle si mettono sempre nei guai e poi tocca a me cavare le castagne dal fuoco per loro.

Katze • für die Katz
Tempo sprecato! / È uno spreco di tempo!

Katze • Das trägt die Katze auf dem Schwanze weg.
Sono solo noccioline! (pop.) / Non vale niente! / È una piccolezza! (pop.)

Katze • Wenn die Katze aus dem Haus ist, tanzen die Mäuse auf dem Tisch. (prov)
Quando il gatto non c'è, i topi / sorci ballano. (prov.)

Katze • die Katze aus dem Sack lassen
spiattellare un segreto (pop.)
Aveva bevuto un po' troppo e ad un certo punto ha spiattellato il segreto che aveva custodito tanto gelosamente.

Katze • nicht die Katze im Sack kaufen (wollen)
non (voler) comprare la gatta nel sacco (pop.), non comprare a scatola chiusa
Voglio esaminare con calma quest'offerta, perché non mi piace comprare la gatta nel sacco.

Katze • Die Katze lässt das Mausen nicht. (prov)
Il lupo perde il pelo, ma non il vizio. (prov.)

Katze • wie die Katze um den heißen Brei herumschleichen
girare attorno a qc.
Smettila di girare attorno all'argomento e spiegami finalmente come stanno le cose.

Katze • mit jmd Katz und Maus spielen
giocare con qn. come il gatto col topo (pop.)
Nella partita di tennis l'avversario era chiaramente più forte e giocava con lui come il gatto col topo.

Katzensprung • Das ist ein Katzensprung von hier.
È a due passi da qui. (pop.)

Kauderwelsch
un linguaggio incomprensibile
Il loro linguaggio è incomprensibile, non si capisce niente.

Kauz • ein komischer Kauz sein
essere un tipo strano

Kehle • sich die Kehle aus dem Hals schreien
gridare a squarciagola (pop.)
La donna gridò a squarciagola quando vide il topo in cucina.

Kehrseite • die Kehrseite der Medaille
il rovescio / l'altra faccia della medaglia (pop.)
Il rovescio della medaglia di quell'impiego è che si lavora 12 ore al giorno, anche se pagano bene.

Keil • einen Keil zwischen zwei Personen treiben
piantare zizzania fra due persone (pop.)
Parla sempre male della cognata al fratello e viceversa, piantando zizzania fra di loro.

Keim • etwas im Keim ersticken
soffocare sul nascere
Le chiacchiere sulla serietà di quella persona furono soffocate sul nascere.

Kelch • Der Kelch ist an mir noch einmal vorübergegangen.
scamparla bella
Mia suocera si è ammalata e non è potuta venire a trovarci. Anche per questa volta l'ho scampata bella.

Kerbholz • etwas auf dem Kerbholz haben
aver fatto qc. di proibito / non corretto, rendersi colpevole di qc.
In gioventù si è reso colpevole di diversi misfatti.

Kern • einen guten Kern in einer rauen Schale haben
Sotto una ruvida scorza si cela spesso un cuore generoso.

Kieker • jmd auf dem Kieker haben
avercela con qn. (pop.), qn. è come il fumo negli occhi (pop.)
La mia vicina mi è proprio antipatica, per me è come il fumo negli occhi.

Kielwasser • in jemandes Kielwasser segeln / fahren
seguire la scia di qn. (pop.)
Il presidente seguì la scia del suo predecessore nel governare il popolo.

Kind • das Kind beim Namen nennen
dire pane al pane (e vino al vino) (pop.)
Gli ho detto pane al pane e lui si è arrabbiato con me.

Kind • sich bei jmd lieb Kind machen wollen
accattivarsi le simpatie di qn.
Ha ottenuto molti voti alle elezioni, accattivandosi le simpatie dei pensionati.

Kind • das Kind mit dem Bade ausschütten
gettar via il buono insieme al cattivo (pop.), gettare l'acqua sporca col bambino dentro (pop.)
In un momento di rabbia ha licenziato tutto il personale della casa buttando l'acqua sporca con il bambino dentro, perché adesso deve fare tutto da solo.

Kind • Gebranntes Kind scheut das Feuer. (prov)
Chi si scotta con l'acqua calda ha paura anche dell'acqua fredda. (prov.)

Kind • Wir werden das Kind schon schaukeln.
Sistemeremo anche questa faccenda.

Kind • mit Kind und Kegel
con tutta la famiglia
Sono andati in vacanza con tutta la famiglia e i cani.

Kindermund • Kindermund tut Wahrheit kund. (prov)
Chi vuol sapere la verità, lo domandi alla purità. (prov.)

Kinderschuhe • noch in den Kinderschuhen stecken
muovere ancora i primi passi (pop.), essere ancora ai primi passi (pop.)
È un progetto nuovo e sta muovendo i primi passi.

Kinderstube • (k)eine gute Kinderstube gehabt haben
(non) aver avuto una buona educazione
E' un ragazzo che si comporta sempre molto correttamente, si vede che ha avuto una buona educazione.

Kippe • etwas steht auf der Kippe
essere in sospeso / incerto
La sua promozione è incerta, se ne dovrà discutere.

Kirche • die Kirche im Dorf lassen
non esagerare con qc.
Certo che i nostri bambini possono dormire a casa dei loro amici, ma andare in vacanza da soli alla loro età? Adesso non esageriamo!

Kirchenmaus • arm wie eine Kirchenmaus sein
essere povero come Giobbe (bibl.), essere povero in canna (pop.)
Quella donna è povera in canna: vive della carità dei vicini.

Kirschen • mit jmd ist nicht gut Kirschen essen
È meglio non avere a che fare con lui.

klappen • Es hat geklappt!
Ha funzionato!

Klapperstorch • an den Klapperstorch glauben
credere alla cicogna / a Babbo Natale
Sua figlia ha 13 anni e crede ancora a Babbo Natale!

Klasse • Das ist große Klasse!
È fantastico!

Klatsch • Klatsch und Tratsch
pettegolezzi, chiacchiere
Le riviste dal parrucchiere sono sempre piene di pettegolezzi sui vip.

Klatschweib • ein altes Klatschweib sein / eine Klatschtante sein
essere una lavandaia (antiq.) / pettegola (pop.)
E' una pettegola che deve sempre parlare dei fatti altrui!

klein • klein aber mein
Parva sed apta mihi. (lat.)

klein • klein beigeben
darsi per vinto (pop.)
Ammetto di non conoscere la risposta, mi do per vinto.

Kleinholz • aus jmd Kleinholz machen
fare qn. a pezzettini
Se il mio collega continua a parlare così male di me, lo faccio a pezzi.

Kleinvieh • Kleinvieh macht auch Mist. (prov)
Tutto fa brodo. (prov.)

Klemme • in der Klemme sein / sitzen
essere nei guai (pop.) / nei pasticci (pop.) / in un bell'impiccio (pop.) / alle strette (pop.)
Sono alle strette, perciò sono costretto a chiederti di restituirmi i soldi che ti avevo prestato.

Klette • sich wie eine Klette an jmd hängen / eine Klette sein
attaccarsi a qn. come un'ostrica ad uno scoglio / come una sanguisuga (pop.)
Delle volte la mia sorellina mi da sui nervi, perché si attacca a me come un'ostrica ad uno scoglio e vuol fare sempre ciò che faccio io.

Klinke • sich die Klinke in die Hand geben
esserci un continuo andirivieni (pop.)
Hanno aperto un nuovo negozio in centro ed i clienti facevano un grande andirivieni per tutto il giorno.

Klinken • Klinken putzen
cercare lavoro (battendo a tutte le porte)
E' una settimana che giro e cerco lavoro.

klipp • klipp und klar sagen
dire qc. senza mezzi termini / chiaro e tondo
«Dillo chiaro e tondo che non vuoi uscire con me!»

Klotz • jmd ein Klotz am Bein sein
essere una palla al piede per qn. (pop.)
Delle volte sua moglie è veramente una palla al piede, lei non vuole mai uscire e così anche lui è costretto a rimanere a casa.

Klotz • ein ungehobelter Klotz sein
essere una persona rozza
Suo marito è una persona rozza che non sa come comportarsi in società.

klug • Der Klügere gibt nach. (prov)
Il più saggio cede. (prov.)

Klugscheißer • ein Klugscheißer sein
saccentello (pop.)
E' un saccentello arrogante, crede di sapere tutto lui.

Knie • etwas (nicht) übers Knie brechen
etwas übers Knie brechen: fare qc. precipitosamente
etwas (nicht) übers Knie brechen: dormirci su (pop.)
Non posso ancora darti una risposta, perché non mi piace prendere decisioni precipitosamente e voglio dormirci su.

Knie • seine Knie waren wie Wachs
avere le ginocchia molli (pop.) / di burro (pop.)
Quando le chiese di sposarlo si sentì le ginocchia molli dall'emozione.

Knie • jmd übers Knie legen
sculacciare qn. (pop.) / dare una sculacciata (pop.)
La mamma sculacciò il figlio quando si accorse che aveva mangiato tutta la Nutella.

Kniff • den Kniff bei etwas heraushaben
capire il trucco (pop.)
Una volta capito il trucco, è molto facile usare questo attrezzo.

knochentrocken
completamente asciutto / secco
Il fiume è completamente secco quest'anno, non piove da mesi.

Knoten • einen Knoten ins Taschentuch machen
fare un nodo al fazzoletto (pop.)
Ho fatto un nodo al fazzoletto per ricordarmi di andare dal dentista.

Knoten • Der Knoten ist bei ihm / ihr noch nicht geplatzt.
Non l'ha ancora capita. (pop.)

Knüppel • jmd einen Knüppel zwischen die Beine werfen
mettere i bastoni fra le ruote a qn. (pop.)
Gli ho messo il bastone fra le ruote nascondendogli le chiavi della macchina; così non è potuto partire in tempo.

Knute • die Knute zu spüren bekommen
Im Italienischen: die Knute spüren lassen: far sentire la frusta a qn.
Quella sera il padre perse la pazienza e fece sentire ai figli la frusta ordinandogli di sbrigare subito tutte le commissioni che gli aveva ordinato da tempo di fare.

Köche • Viele Köche verderben den Brei. (prov)
Troppi cuochi guastano la cucina / la salsa. (prov.)

Koffer • die Koffer packen
fare le valigie (pop.)
Domani faccio le valigie e parto per l'America.

Kohl • Das macht den Kohl nicht fett.
Questo non cambia / cambierà nulla.

Kohldampf • Kohldampf schieben
avere una fame da lupi (pop.)
Sono solo le 11 del mattino, ma Luigi ha già una fame da lupi.

Kohle • (keine) Kohle haben
non avere un soldo bucato (pop.), avere le tasche vuote (pop.), essere a corto di denaro (pop.)
Non vengo al cinema con voi perché sono a corto di denaro.

Kohlen • wie auf (glühenden) Kohlen sitzen
essere / stare sulle spine, stare sui carboni ardenti (pop.)
Ero sulle spine perché aspettavo la sua chiamata da ore, ma non mi chiamava.

Koks • wie Graf Koks (von der Gasanstalt) auftreten
avere la puzza sotto il naso (pop.)
L'altra sera io e Cesare abbiamo cenato in un ristorante di lusso, ma era pieno di gente con la puzza sotto il naso che ci squadrava dalla testa ai piedi.

kommen • komme, was da wolle
qualsiasi cosa succeda (pop.)
Ti starò sempre vicino, qualsiasi cosa succeda.

Komödie • jmd eine Komödie vorspielen
fare la commedia con qn.
Smettila di fare la commedia con me, tanto ho capito come stanno le cose.

König • der König der Lüfte
l'aquila

König • der König der Tiere
il re degli animali (leone)

Kopf • jmd raucht der Kopf
a qn. fuma la testa (pop.)
Devo andare a letto, mi fuma la testa per il troppo lavoro.

Kopf • seinen Kopf aus der Schlinge ziehen
trarsi d'impaccio, tirarsi fuori dai guai (pop.)
E' un tipo furbo, riesce sempre a tirarsi fuori dai guai.

Kopf • Ihr (ihm, ihnen) ist es zu Kopf gestiegen.
Gli/ le ha dato alla testa. / Si è montato/a /si sono montate/i la testa.

Kopf • mit dem Kopf durch die Wand wollen
impuntarsi
«E'inutile che ti impunti, non ti comprerò mai la moto!»

Kopf • nicht auf den Kopf gefallen sein
non essere nato ieri (pop.), non essere uno stupido
«Non ci cascherà mai, non è mica nato ieri!»

Kopf • Es muss alles nach ihrem (seinem) Kopf gehen!
Tutto dev'esser fatto a modo suo!

Kopf • sich etwas durch den Kopf gehen lassen
pensare a qc. / pensarci su (pop.)
«Ti darò una risposta domani, devo prima pensarci su.»

Kopf • Was man nicht im Kopf hat, hat man in den Beinen. (prov)
Chi non ha testa abbia gambe. (prov.)

Kopf • den Kopf in den Sand stecken
fare (come) lo struzzo (pop.)
«E' inutile che fai lo struzzo, devi guardare in faccia alla realtà.»

Kopf • den Kopf kosten
rischiare l'osso del collo (pop.), costare caro (pop.)
Quella gara in macchina stava per costargli cara perché è andato fuori strada sfiorando un albero.

Kopf • jmd einen Kopf kürzer machen
tagliare la testa a qn. (pop.)
In ditta mi hanno tagliato la testa e mi hanno relegato nell'ufficio contabilità.

Kopf • Kopf und Kragen riskieren
rischiare la pelle (pop.) / l'osso del collo (pop.)
I pompieri hanno rischiato la pelle quando hanno cercato di salvare la donna dalle fiamme.

Kopf • sich etwas aus dem Kopf schlagen
togliersi qc. dalla testa (pop.)
Toglitelo dalla testa che venga a cena con te, non ti voglio più vedere.

Kopf • nicht wissen, wo einem der Kopf steht
non sapere dove sbattere la testa (pop.)
Ho talmente tanto da fare che non so più dove sbattere la testa.

Kopf • etwas auf den Kopf stellen
mettere qc. sottosopra (pop.)
Ho messo la casa sottosopra per trovare le chiavi della macchina.

Kopf • jmd vor den Kopf stoßen
ferire / offendere qn.
Non era giusto da parte loro offenderlo così, sono stati troppo duri.

Kopf • jmd den Kopf verdrehen
far girare / perdere la testa a qn. (pop.)
«Quando mi guardi così mi fai perdere la testa!»

Kopf • über den Kopf wachsen
averne fin sopra i capelli (pop.)
Ho lavoro fin sopra i capelli.

Kopf • jmd den Kopf waschen
dare una lavata di capo a qn. (pop.), fare la predica (pop.) / la paternale (pop.) a qn.
«Mia figlia torna sempre a casa troppo tardi: dovrò darle una lavata di capo!»

Kopf • sich den Kopf zerbrechen
rompersi la testa (pop.), scervellarsi (pop.), lambiccarsi il cervello (pop.)
Mi sto scervellando per farle un regalo adatto, ma non mi viene in mente niente.

Köpfchen • Köpfchen haben
avere sale in zucca (pop.)
Guarda che non sembra, ma quella ragazza ha sale in zucca.

kopflos sein
essere svagato / sventato
Dimentica sempre qualcosa, è proprio svagato.

Korb • einen Korb bekommen
prendersi un bidone (pop.)
Mi ha detto che sarebbe venuto a prendermi e non l'ha fatto. Mi sono presa un bel bidone.

Korb • jmd einen Korb geben
dare buca (pop.), tirare un bidone (pop.), dare il due di picche (pop.)
La sua ragazza gli ha tirato un bidone facendolo aspettare invano al ristorante.

Korn • jmd aufs Korn nehmen
prendere di mira qn.
Il professore l'ha preso di mira e non lo perde d'occhio un minuto.

Körper • In einem gesunden Körper wohnt ein gesunder Geist. (prov)
Mens sana in corpore sano. (prov. lat.)

Kosten • auf seine Kosten kommen
aver speso bene i propri soldi, valere la pena
Quel ristorante era molto caro, ma ne è valsa la pena, perché abbiamo mangiato benissimo.

Kosten • weder Kosten noch Mühen scheuen
non badare a spese
Quando organizzò la festa di fidanzamento non badò a spese.

Kostverächter • kein Kostverächter sein
essere un buongustaio
E' un piacere invitarlo a cena perché è un buongustaio e apprezza la mia cucina.

kotzen • Das ist zum Kotzen!
Fa schifo! (pop.) / E' da vomitare! (pop.)

Kragenweite • Der ist nicht meine Kragenweite!
Non fa per me! (pop.)

Krähe • Eine Krähe hackt der anderen kein Auge aus. (prov)
Cane non mangia cane. (prov.)

Krämerseele • eine Krämerseele sein
essere uno spirito meschino / gretto
E' uno spirito meschino, pensa solo al suo vantaggio.

kratzen • Das kratzt mich nicht!
Non mi tocca!

Kraut • Dagegen ist kein Kraut gewachsen.
A ciò non c'è rimedio.

Kraut • wie Kraut und Rüben
sottosopra
Dopo il party tutta la casa era sottosopra.

Kreide • bei jmd in der Kreide stehen
avere dei debiti con qn.
Ha dei debiti con tutti i negozianti dei dintorni.

kreidebleich • kreidebleich werden / sein
essere / diventare bianco come un lenzuolo (pop.)
Quando vide la bolletta del telefono diventò bianco come un lenzuolo.

Kreis • der Kreis schließt sich
Il cerchio si chiude.

Kreise • etwas zieht Kreise
estendersi
Lo scandalo delle bustarelle si estese a macchia d'olio.

Kreuz • jmd aufs Kreuz legen
dare una fregatura a qn. (pop.), tirare un pacco a qn. (pop.)
Quando ci ha venduto la casa ci ha dato una fregatura, perché non valeva il prezzo che abbiamo pagato.

Kreuz • sein Kreuz tragen
portare la propria croce
Ognuno ha la sua croce da portare.

Kriegsbeil • das Kriegsbeil begraben
sotterrare l'ascia di guerra (pop.)
E' ora di sotterrare l'ascia di guerra e fare pace.

Kriegsfuß • mit jmd auf Kriegsfuß stehen
essere sul piede di guerra con qn. (pop.)
E' sempre sul piede di guerra con il suo vicino, litigano per ogni stupidaggine.

Kriegspfad • auf dem Kriegspfad sein
Siehe Kriegsfuß • mit jmd auf Kriegsfuß stehen

Krug • Der Krug geht solange zu Wasser, bis er bricht. (prov)
Tanto va la gatta al lardo che ci lascia lo zampino. (prov.)

Kugel • eine ruhige Kugel schieben
prendersela comoda (pop.), battere la fiacca (pop.)
Se la prende sempre comoda quando si tratta di pagare le bollette.

kugeln • sich kugeln / kringeln vor Lachen
ridere a crepapelle (pop.), piegarsi in due dalle risate (pop.)
Le sue barzellette mi fanno sempre ridere a crepapelle.

Kuh • eine heilige Kuh schlachten
infrangere un tabù
Mostrandosi apertamente insieme in pubblico gli omosessuali hanno infranto un tabù.

Kuh • wie die Kuh vorm neuen Tor stehen
rimanere perplesso / sbalordito
Quando Irene gli raccontò di essersi licenziata, la guardò perplesso, perché credeva si trovasse bene in quell'azienda.

Kulissen • hinter die Kulissen schauen
guardare dietro le quinte
La vita delle star del cinema non è così affascinante come sembra, basterebbe dare un'occhiata dietro le quinte per accorgersene.

Kunst • mit seiner Kunst am Ende sein
non saper più cosa fare
L'ho sempre sostenuto e consigliato, ma lui non mi ha ascoltato. Ora non so più cosa fare.

Kurve • die Kurve kriegen
riuscirci / farcela a malapena
Sono riusciti a malapena ad evitare il fallimento dell'azienda.

kurz • zu kurz kommen
rimetterci
Tutti hanno guadagnato bene con quell'affare, ma il povero Riccardo ci ha rimesso.

kurz • über kurz oder lang
prima o poi
Prima o poi tutti scopriranno che hai evaso il fisco.

Kürze • In der Kürze liegt die Würze. (prov)
La brevità dà sapore al discorso. (prov.)

kürzer • den Kürzeren ziehen
avere la peggio
Abbiamo scommesso 100 Euro e io ho avuto la peggio perché ho perso.

lachen • Wer zuletzt lacht, lacht am besten. (prov)
Ride bene chi ride ultimo. (prov.)

lachen • Das Lachen wird dir noch vergehen!
Ti passerà la voglia di ridere!

Laden • den Laden schmeißen
mandare avanti la baracca (pop.)
Purtroppo il mio socio si è rotto una gamba e devo mandare avanti la baracca da solo per i prossimi due mesi.

Ladenhüter • ein Ladenhüter sein
fondo di magazzino
Da quando ho fatto i saldi i clienti mi hanno svuotato il negozio. Mi restano solo fondi di magazzino.

Laie • ein blutiger Laie sein
essere un pivello (pop.) / novellino / principiante / profano / dilettante, essere alle prime armi (pop.)
Si vede che è un novellino, continua a chiedere informazioni a tutti.

Lampenfieber
febbre della ribalta
Poco prima di salire sul palco gli viene sempre un po' di febbre della ribalta, ma appena inizia a cantare gli passa.

Land • das Land, wo Milch und Honig fließen
l'eden, il paradiso, il regno dei cieli

Land • das gelobte Land
La terra promessa (bibl.)

Land • kein Land sehen
perdere la speranza
Il lavoro è talmente tanto che ormai ho perso la speranza di poterlo consegnare in tempo.

Landei
contadino (pop.)
«Cosa vuoi che capisca lui della vita in città, è un contadino che fino a ieri viveva in mezzo alle galline.»

Länder • Andere Länder, andere Sitten. (prov)
Paese che vai, usanza che trovi. (prov.)

lang • etwas lang und breit erzählen
spiegare / raccontare per filo e per segno
Ieri mi ha raccontato tutto per filo e per segno, so tutti i dettagli e i particolari della storia.

lang • nicht mehr lange machen
avere i giorni contati (pop.), non averne per molto (pop.)
Dovremmo andarlo a trovare, poverino, non ne ha più per molto, sta molto male.

Länge • der Länge nach hinfallen
cadere lungo disteso
«Che figura! Ieri sono caduto lungo disteso davanti a tutta la classe.»

Lanze • eine Lanze für jmd brechen
spezzare una lancia per qn. (pop.)
Poverino! Sono tutti contro di lui, voglio spezzare una lancia a suo favore.

Lappen • durch die Lappen gehen
sfuggire di mano (pop.)
La situazione ci è sfuggita di mano e ora non possiamo più rimediare.

Lärm • viel Lärm um nichts machen
fare tanto rumore per niente
Molto fumo e poco arrosto. (pop.)
«Parli tanto, ma i fatti non si vedono. Sei molto fumo e poco arrosto.»

Lauer • auf der Lauer liegen
stare in agguato, fare la posta (pop.)
Quei venditori ambulanti mi fanno la posta ogni volta che esco dal supermercato.

Lauffeuer • sich wie ein Lauffeuer verbreiten
spargersi a macchia d'olio (pop.)
La notizia del loro matrimonio si è sparsa a macchia d'olio nel paese.

Laufpass • jmd den Laufpass geben
lasciare / mollare qn.
Dopo aver scoperto che l'aveva tradita per mesi, l'ha lasciato.

Laus • sich eine Laus in den Pelz setzen
mettersi una serpe in seno (pop.)
Lo accolse come un figlio, ma scoprì troppo tardi di essersi messo una serpe in seno.

Laus • jmd ist eine Laus über die Leber gelaufen
a qn. è saltata la mosca al naso (pop.)
Quando lo incontrai era arrabbiatissimo, mi sa proprio che gli era saltata la mosca al naso.

Leben • wie das blühende Leben aussehen
avere l'aspetto florido
Appena tornato dalle vacanze, aveva l'aspetto veramente florido.

Leben • aus dem Leben gegriffen
preso dal vero
«Quel film era proprio emozionante… e pensare che era preso dal vero!»

Leben • etwas für sein Leben gern tun
andare matto per qc. (pop.)
Alessandra va matta per il cinema.

Leben • das nackte Leben retten
salvare soltanto la vita
Dopo quel terribile incendio perse tutto, salvando soltanto la vita.

Leben • sich durchs Leben schlagen
tirare la carretta (pop.)
Nessuno gli ha mai regalato niente, ha dovuto tirare la carretta per tutta la vita.

Leben • es geht auf Leben und Tod
Si tratta di vita o di morte.

Leben • jmd das Leben zur Hölle machen
rendere a qn. la vita un inferno, far vedere i sorci verdi a qn. (pop.)
Anche dopo la separazione quella donna ha reso la mia vita un inferno.

leben • leben und leben lassen
Vivi e lascia vivere. (prov.)

Lebenslicht • jmd das Lebenslicht ausblasen
togliere la vita a qn.
Anche se sta soffrendo tantissimo, nessuno può prendersi il diritto di togliergli la vita.

Leberwurst • die beleidigte Leberwurst spielen
fare l'offeso (pop.)
«Smettila di fare l'offeso, non hai capito che stavo scherzando?»

Leckermaul • ein Leckermaul sein
essere goloso / ghiotto di qc.
Devo sempre avere in casa della cioccolata perché i miei figli ne sono ghiotti.

Leder • jmd ans Leder wollen
voler fare la pelle a qn. (pop.)
Quando l'arbitro fischiò quel rigore, i tifosi avrebbero voluto fargli la pelle.

Leder • zäh wie Leder sein
essere duro come una suola (da scarpe) (pop.)
«Mi porti subito un'altra bistecca, questa è immangiabile, è dura come una suola da scarpe».

Leder • vom Leder ziehen
dire peste e corna di qn. (pop.)
Le mie amiche sono delle pettegole, non fanno altro che dire peste e corna di tutti.

leer • leer ausgehen
restare a bocca asciutta (pop.), rimanere con un pugno di mosche (pop.)
I possibili eredi rimasero alquanto delusi quando alla lettura del testamento scoprirono di essere rimasti tutti a bocca asciutta.

Lehrgeld • Lehrgeld zahlen müssen
imparare a proprie spese
Filippo ha dovuto imparare a proprie spese quant'è dura la vita del camionista.

Leib • wie auf den Leib geschrieben sein
stare a pennello (pop.)
«Il ruolo del cattivo ti sta a pennello, hai veramente una faccia da gangster.»

Leib • gut bei Leibe sein
essere ben in carne (pop.)
Mi sa che Roberta ha abbandonato la dieta, l'ho vista l'altro giorno ed era ben in carne.

Leib • mit Leib und Seele
con anima e corpo
Giorgio fa il medico con anima e corpo.

leibt • wie er leibt und lebt
in carne ed ossa (pop.)
Non crederai mai chi ho visto alla festa, c'era Bud Spencer in carne ed ossa.

Leiche • Nur über meine Leiche!
Dovrai passare sul mio corpo / cadavere!

Leiche • eine Leiche im Keller haben
avere uno scheletro nell'armadio (pop.)
Non parla mai della sua famiglia e del suo passato, credo che abbia più di uno scheletro nell'armadio.

Leichen • über Leichen gehen
avere il pelo sullo stomaco (pop.), passare sul corpo di chiunque (pop.)
Passerebbe sul corpo di chiunque pur di diventare direttore generale.

leicht • leichter gesagt als getan
Fra il dire e il fare c'è di mezzo il mare. (prov.)

Leid • Geteiltes Leid ist halbes Leid. (prov)
Mal comune mezzo gaudio. (prov.)

Leid • Wie das Leiden Christi aussehen
sembrare Cristo in croce (pop.)
«Oddio, ma cosa ti hanno fatto? Mi sembri Cristo in croce!»

Leier • Es ist immer dieselbe alte Leier!
È sempre la solita storia / solfa. / È sempre la stessa canzone / minestra.

Leim • jmd auf den Leim gehen / kriechen
cascarci (pop.)
Appena entrato in caserma mi hanno fatto uno scherzo e io ci sono cascato subito.

Leine • jmd an der langen Leine halten
Im Italienischen gibt es nur für „jmd an der kurzen Leine halten“ eine Redewendung:
tenere qn. al guinzaglio
Sua moglie lo tiene al guinzaglio, non può neanche passare una serata fuori con gli amici.

Leisetreter • ein Leisetreter sein
essere riservato
Cesare è un tipo molto riservato, non ci racconta mai niente.

Lektion • jmd eine Lektion erteilen
dare una lezione a qn.
Questa volta ha esagerato, appena torna a casa gli darò una lezione.

lernen • Gelernt ist gelernt.
Una volta imparato, mai più dimenticato. (prov.)

Leseratte • eine Leseratte sein
essere un topo di biblioteca (pop.)
È veramente un topo di biblioteca, passa le sue giornate sui libri.

letzt • zu guter Letzt
alla fine
Abbiamo sudato ore per montare quell'apparecchio e alla fine ce l'abbiamo fatta.

letzte • Du bist das Letzte!
Fai proprio schifo!

letzter • Den Letzten beißen die Hunde. (prov)
All'ultimo tocca il peggio. (prov.)

letztes • sein Letztes geben
dare il massimo
Ho davvero dato il massimo per superare quell'esame.

Leuchte • keine Leuchte sein
non essere una cima (pop.) / un'aquila (pop.)
Dall'espressione che ha fatto alla mia domanda ho capito subito che non era un'aquila.

Leute • es ist nicht wie bei armen Leuten
Non siamo mica dei morti di fame.

Leute • geschiedene Leute
fra due persone è tutto finito
Da oggi tra me e te è tutto finito!

Leute • etwas unter die Leute bringen
diffondere qc.
Grazie ad una pubblicità martellante, sono riusciti a diffondere il telefonino anche fra i più giovani.

Licht • ans Licht kommen
venire alla luce
Dopo le indagini vennero alla luce particolari interessanti sulla vicenda.

Licht • Licht am Horizont sehen
vedere una luce alla fine del tunnel (pop.)
Dopo tanta fatica e sacrifici è bello vedere finalmente una luce alla fine del tunnel.

Licht • jmd geht ein Licht auf
avere un'illuminazione
Lavoravamo su quella canzone da mesi, poi finalmente Andrea ebbe un'illuminazione e riuscimmo a finirla.

Licht • das Licht der Welt erblicken
venire al mondo, vedere la luce
Lilo è venuta al mondo nel giorno della grande alluvione.

Licht • jmd hinters Licht führen
ingannare qn.
Quel politico ingannò tutti gli elettori promettendo meno tasse, ma quando andò al governo fece tutt'altro.

Licht • grünes Licht für etwas geben
dare via libera (pop.) / il via per qc. (pop.)
Il progetto della casa è già pronto, aspetto solo che mi diate il via e i lavori partiranno.

Licht • Licht ins Dunkel bringen
far luce
Il ritrovamento di quella prova aiutò a far luce su quel caso misterioso.

Licht • sich ins rechte Licht setzen
mettersi nella giusta luce
Giovanni tentava in tutti i modi di mettersi nella giusta luce davanti al capo, voleva a tutti i costi ottenere la promozione.

Licht • Man soll sein Licht nicht unter den Scheffel stellen. (prov)
Non mettere la fiaccola sotto il moggio. (bibl.)

Licht • das Licht scheuen / ein lichtscheues Element sein
fuggire la luce del giorno
Finché quei delinquenti fuggiranno la luce del giorno, sarà difficile catturarli.

Lichtblick • ein Lichtblick sein
essere un raggio di speranza
Le parole di quel medico sono state un raggio di speranza per noi.

Lichte • bei Lichte besehen
pensandoci bene
Se ci pensi bene, quest'idea è la soluzione perfetta: è semplice e facile da realizzare.

Liebe • Liebe geht durch den Magen. (prov)
Il marito si prende per la gola. (prov.)

Liebe • Liebe heilt Zeit, und Zeit heilt Liebe. (prov)
L'amore fa passare il tempo e il tempo fa passare l'amore. (prov.)

Liebe • Eine Liebe ist der anderen wert. (prov)
Un amore vale l'altro. (prov.)

Liebe • Liebe macht blind. (prov)
L'amore rende ciechi. (prov.)

Liebe • Alte Liebe rostet nicht. (prov)
Amore vecchio non fa ruggine. (prov.) / Il primo amore non si scorda mai. (prov.)

Liebe • In der Liebe und im Krieg sind alle Mittel recht. (prov)
In amore e in guerra tutto è lecito. (prov.)

Lied • Davon kann ich ein Lied singen!
«Di questo ne so qualcosa io!»

liegen • Damit liegst du richtig!
Hai ragione!

Linie • keine klare Linie vertreten
non avere le idee chiare
«Credo che tu non abbia le idee ben chiare, non ti ho mai detto che ti avrei regalato una macchina.»

linientreu • linientreu sein
essere ortodosso / fedele alla linea
Durante le cerimonia non si comportò in modo proprio ortodosso e tutti lo stavano a guardare.

links • etwas mit links machen
fare qc. con facilità
Franco è proprio bravo, riesce a fare con facilità delle cose che a me risultano difficili.

Lippen • an jmds Lippen hängen
pendere dalle labbra di qn. (pop.)
Quando il nonno raccontava dei tempi della guerra i nipotini pendevano dalle sue labbra.

List • mit List und Tücke
giocando d'astuzia
Quell'avversario è molto più forte di me, ma giocando d'astuzia forse posso batterlo.

Liste • eine schwarze Liste führen
tenere una lista nera
Dovresti fare come me che tengo una lista nera dei ristoranti dove è meglio non tornare.

Litanei • eine lange Litanei von etwas
una lunga litania / tiritera
Durante il viaggio di ritorno ho dovuto sopportare una lunga litania di Riccardo su quello che gli era successo.

Loch • saufen wie ein Loch
bere come una spugna (pop.) / un otre (pop.)
Dopo che Anna lo lasciò, si mise a bere come una spugna.

Loch • ein Loch aufreißen, um ein anderes zu stopfen
scoprire un altare per ricoprirne un altro
Ho fatto un debito con la banca per ripagare il prestito di Sofia, ma ho solo scoperto un altare per ricoprirne un altro.

Loch • jmd ein Loch in den Bauch fragen
assillare qn. di domande
È un bambino curiosissimo, ogni volta che scopre qualcosa di nuovo, mi assilla di domande.

Loch • auf dem letzten Loch pfeifen
essere alla frutta (pop.), non farcela più
«Mi sa che il tuo computer è alla frutta, meglio che te ne compri uno nuovo.»

Löcher • Löcher in die Luft starren
avere uno sguardo fisso nel vuoto, guardare nel vuoto
Non so più come fare con Luigi, è sempre distratto e passa tutte le lezioni con lo sguardo fisso nel vuoto.

Löffel • (nicht) mit einem goldenen Löffel zur Welt gekommen sein
(non) essere nato ricco (pop.)
Non ha mai avuto problemi di soldi e nella vita gli è sempre stato dato tutto, è veramente nato ricco.

Lorbeeren • sich auf seinen Lorbeeren ausruhen
riposarsi sugli allori
Dopo tante vittorie è normale riposarsi sugli allori.

loslegen • loslegen mit etwas
cominciare con qc., mettersi a…, attaccare a… (pop.)
Quando attacca a parlare non smette più.

loswerden • etwas loswerden wollen (von der Seele reden)
liberarsi da un peso
Stamattina mi ha chiamato la mia migliore amica, aveva un peso di cui voleva liberarsi e abbiamo parlato per ore.

Lot • wieder ins Lot bringen
rimettere qc. a posto
Dopo che abbiamo litigato non riuscivo a dormire, l'ho dovuta richiamare per rimettere le cose a posto.

Lotto • Du hast wohl im Lotto gewonnen!
Hai vinto al lotto!?

Luchs • wie ein Luchs (aufpassen)
stare molto attento
Al mercato i venditori devono stare molto attenti ai clienti. Non essendoci sistemi di allarme, la gente ruba molto.

Lückenbüßer • der Lückenbüßer sein
fare il tappabuchi (pop.)
«Parti pure tranquillo, finché non torni troveremo un tappabuchi che si occupi del tuo lavoro.»

Luft • dicke Luft
tira una brutta aria (pop.), nell'aria c'è odore di tempesta (pop.), qui non tira buon vento (pop.)
«Ci vediamo da te, a casa mia tira una brutta aria, mia madre ha appena saputo che hanno bocciato mia sorella.»

Luft • Die Luft ist rein!
E' tutto a posto!

Luft • sich in Luft auflösen
sparire nel nulla
L'ho cercato tutto il giorno, ma sembra essere sparito nel nulla.

Luft • aus der Luft gegriffen sein
essere inventato di sana pianta (pop.)
Non credo a una parola di tutto quello che ha raccontato il mio amico. Secondo me ha inventato tutto di sana pianta.

Luft • von Luft und Liebe leben
vivere / campare d'aria, vivere di pan duro (pop.), vivere di solo pane (pop.)
Prima o poi dovrai trovarti un lavoro serio, non puoi continuare a campare d'aria.

Luft • in der Luft hängen
essere campato in aria
Io non investirei un soldo in quell'operazione, per ora è un progetto campato in aria.

Luft • seinen Gefühlen Luft machen
sfogarsi, dar sfogo ai propri sentimenti, lasciar uscire i propri sentimenti
«Dai, lo sai che con me puoi sfogarti, non dirò niente a nessuno.»

Luft • in der Luft liegen
C'è qualcosa nell'aria. (pop.) / Qualcosa bolle in pentola. (pop.)
C'è molta tensione in ufficio, mi sa che c'è qualcosa che bolle in pentola.

Luftschlösser • Luftschlösser bauen
fare / costruire castelli in aria (pop.)
«Smettila di costruire castelli in aria, è ora di fare le cose concretamente.»

lügen • Wer einmal lügt, dem glaubt man nicht, auch wenn er dann die Wahrheit spricht. (prov)
Il bugiardo conosciuto da nessuno è creduto. (prov.)

lumpen • sich nicht lumpen lassen
non fare l'avaro
Non ha mai fatto l'avaro con nessuno, anzi. Quando andiamo a cena fuori, paga sempre lui per tutti.

Lunge • die grüne Lunge
il polmone verde (pop.)
Le foreste tropicali sono chiamate anche il polmone verde della terra.

Lunge • sich die Lunge aus dem Hals schreien
spolmonarsi (pop.)
Ci siamo spolmonati per incitare i ragazzi durante tutta la partita, ma non ce l'hanno fatta.

Lupe • unter die Lupe nehmen
passare al vaglio qc.
bei Personen: fare la radiografia a qn.
In quell'azienda nessuna decisione viene appresa prima di esser passata al vaglio dei finanziatori.

Lust • mit Lust und Liebe
con amore
Si vede proprio che questa tavola è preparata con amore, deve averla apparecchiata tua madre.

Lust • ganz nach Lust und Laune
come ti pare, come fa comodo a qn.
«Puoi venire subito o anche nel pomeriggio, come fa comodo a te.»

Mache • alles Mache
è tutta una commedia (pop.) / una messinscena
Non ti preoccupare se farà una scenata, è tutta una commedia, in realtà è una persona molto tranquilla.

Mädchen • Mädchen für alles sein
essere la domestica tuttofare (pop.) / un tuttofare (pop.)
L'hanno assunto come portiere, ma in realtà è un tuttofare impagabile, si occupa lui di tutto nel condominio.

Mädchen • ein spätes Mädchen sein
essere una vecchia zitella (pop.)
La mia vicina di casa è una vecchia zitella che ama solo i suoi 5 gatti e passa la giornata a spiare quello che fanno i vicini.

Mädchen • ein leichtes Mädchen sein
essere una ragazza facile (pop.) / donna di facili costumi (pop.)
La vedo sempre con un ragazzo diverso, penso sia una ragazza facile.

Made • wie die Made im Speck leben
fare una vita da papi (pop.), vivere da signore (pop.)
Da quando si è sposato con un'ereditiera vive da signore, nel lusso e nell'ozio.

Magen • Das liegt mir im Magen
stare sullo stomaco
Quell'uomo mi è sempre stato sullo stomaco, è proprio insopportabile.

Magen • der Magen knurrt
lo stomaco brontola (pop.)
Mi brontola lo stomaco, è da ieri che non mangio.

Magen • jmd dreht sich der Magen um
a qn. si rivolta lo stomaco
Mi si rivolta lo stomaco al solo vederlo, è una persona disgustosa.

Mahlzeit • Prost Mahlzeit!
Bell'affare! (pop.) / Che pasticcio! (pop.)

Mann • der Buh-Mann sein
essere lo spauracchio, l'uomo cattivo
Dopo il fallimento delle trattative, l'ambasciatore diventò l'uomo cattivo della situazione.

Mann • ein Mann, ein Wort
Ogni promessa è debito. (prov.)

Mann • etwas an den Mann bringen
piazzare qc.
Non è facile piazzare enciclopedie con la vendita porta a porta.

Mann • mit Mann und Maus (untergehen)
naufragare miseramente
Era un progetto grandioso, ma naufragò miseramente per mancanza di fondi.

Mann • ein gemachter Mann sein
essere un uomo arrivato
Dopo gli ultimi successi è ormai un uomo arrivato.

Mann • Mann(s) genug sein
essere abbastanza uomo (pop.)
Sii abbastanza uomo e affronta le tue responsabilità.

Männchen • Männchen machen
stare sull'attenti
Non ho intenzione di stare sull'attenti ad aspettare gli ordini di quello stupido.

Manschetten • Manschetten vor etwas / jmd haben
avere paura di qc. / qn.
Siccome ho paura dell'ascensore, vado sempre a piedi.

Mantel • den Mantel christlicher Nächstenliebe über etwas breiten
coprire con un velo pietoso
È meglio coprire questa storia con un velo pietoso.

Märchen • Erzähl keine Märchen!
Non raccontare storie / delle balle! (pop.) / Non dire cavolate! (pop.)

Mark • jmd bis ins Mark treffen
colpire qn. nell'intimo
Ha usato degli argomenti che lo hanno colpito nell'intimo.

Masche • Das ist die neueste Masche.
Questo è il nuovo espediente / trucco / l'ultima trovata.

Maschen • durch die Maschen schlüpfen
sgattaiolare, sfuggire, sgusciare fra le maglie (pop.)
La polizia gli ha teso una trappola, ma lui è riuscito a sgusciare fra le maglie della legge.

Maske • jmd die Maske vom Gesicht reißen
strappare la maschera a qn. (pop.), smascherare qn.
Il ladro è stato smascherato e condotto in prigione.

Masse • die graue Masse
la folla anonima
Per un attore famoso non è facile passeggiare fra la folla anonima senza essere riconosciuto.

Maß • mit zweierlei Maß messen
usare due pesi e due misure
La legge dovrebbe essere uguale per tutti, non si devono usare due pesi e due misure.

Maßstab • einen hohen / strengen Maßstab anlegen
giudicare qc. molto severamente, adottare un criterio severo
Si è voluto dare un esempio di moralità e l'imputato è stato giudicato molto severamente.

Mattscheibe • eine Mattscheibe haben / kriegen
avere la mente annebbiata, sentirsi intontito
Questa notte non ho dormito e ho ancora la mente annebbiata.

Mauerblümchen • ein Mauerblümchen sein
fare tappezzeria (pop.)
Poverina, è una ragazza così insignificante che alle feste fa tappezzeria perché nessuno l'invita a ballare.

Maul • jmd das Maul / den Mund stopfen
chiudere il becco a qn. (pop.), tappare / cucire la bocca a qn. (pop.)
«Se non la finisci di lamentarti ti cucio la bocca!»

Maul • sich das Maul über etwas zerreißen
parlare male di qc., criticare violentemente
Anche oggi il treno è in ritardo e tutti i passeggeri non la finiscono di criticare violentemente le ferrovie stradali.

Maulaffen • Maulaffen feilhalten
stare a guardare / fissare a bocca aperta (pop.), stare a guardare le mosche che volano (pop.)
Mentre noi mettevamo tutto a posto, lei se ne stava lì a guardare senza far nulla.

maulfaul • maulfaul sein
essere taciturno / di poche parole
È una persona di poche parole, ma è sempre molto gentile.

Maulkorb • jmd einen Maulkorb verpassen
mettere la museruola (pop.) / il bavaglio a qn. (pop.)
Gli articoli di quel giornale crearono un grande scandalo, ma qualcuno mise il bavaglio al direttore perché non uscissero più notizie sull'argomento.

Maus • da beißt die Maus kein' Faden ab
Non c'è nulla da fare! (pop.) / Non ci si può fare niente! (pop.)

Mauseloch • sich ins Mauseloch verkriechen
nascondersi / rintanarsi / voler sprofondare dalla vergogna
Quando i genitori capirono che era stato il figlio più giovane ad aver fatto quel caos in bagno, il piccolo si rintanò dalla vergogna.

Mäusemelken • Das ist zum Mäusemelken!
C'è da mettersi le mani nei capelli! / Mi manda in bestia!

mausern • sich mausern
sbocciare
Poco tempo fa era ancora una bimba brufolosa, ma ora è sbocciata ed è una bella signorina.

mausetot • mausetot sein
essere morto stecchito (pop.)
Era già morto stecchito da una settimana quando lo trovarono.

Mäuschen • Mäuschen spielen mögen
voler essere una mosca (pop.)
Vorrei essere una mosca per vedere cosa stanno combinando.

Meilen • drei Meilen gegen den Wind stinken
puzzare (a un chilometro di distanza)
Si comporta in modo strano, questa faccenda puzza a un chilometro di distanza.

Meister • seinen Meister finden
trovare pane per i propri denti (pop.)
Ha trovato pane per i suoi denti e non è più il primo di ogni gara.

Meister • Es ist noch kein Meister vom Himmel gefallen. (prov)
Nessuno nasce maestro. (prov.)

melden • nichts zu melden haben
non avere voce in capitolo (pop.)
A casa sua comanda la moglie, lui non ha voce in capitolo.

Menschenseele • keine Menschenseele
non c'è anima viva (pop.) / un cane (pop.)
La piazza era deserta, non c'era anima viva.

Messer • unters Messer kommen
andare sotto i ferri (pop.)
È andato sotto i ferri ieri, l'operazione è riuscita benissimo ed ora sta già meglio.

Messer • jmd ans Messer liefern
consegnare / tradire qn.
Ha tradito quei due criminali svelando alla polizia i loro nomi.

Miene • mit eisiger Miene
con espressione gelida / di ghiaccio (pop.)
Mi ha guardato con un'espressione gelida, era chiaramente ancora offesa con me.

Miene • gute Miene zu bösem Spiel machen
far buon viso a cattivo gioco (pop.)
Devo far buon viso a cattivo gioco ed accettare che la mia collega partecipi alla festa al mio posto, io ho l'influenza e non posso uscire.

Miene • keine Miene verziehen
non battere ciglio, restare impassibile
Quando gli dissero che era licenziato non batté ciglio.

Miete • Das ist schon die halbe Miete!
Siamo già a metà dell'opera / a metà strada. (pop.)

Milchgesicht • ein Milchgesicht sein
essere uno sbarbatello (pop.)
È uno sbarbatello e non ha nessuna esperienza in quel lavoro.

Milchmädchenrechnung
un conto campato in aria (pop.), un'illusione
FF: il conto della serva: eine sehr pedantische Rechnung mit allen Details
«Non puoi pensare di arrivare in Germania con una Fiat 500. Non sono che illusioni!»

Minna • die grüne Minna
il cellulare (di polizia) (pop.)
La polizia fece una razzia e portò tutte le prostitute in questura con il cellulare.

minus • minus machen
essere / andare in perdita / rosso
Sono in perdita da tre anni, credo che presto dichiareranno il fallimento.

Minute • in letzter Minute
all'ultimo minuto
Sono arrivato all'aeroporto all'ultimo minuto. Ancora poco e avrei perso l'aereo.

mir • Wie du mir, so ich dir. (prov)
Occhio per occhio, dente per dente. (prov.) / Chi la fa, l'aspetti. (prov.)

mir • mir nichts, dir nichts
di punto in bianco, senza tante parole
Dopo il cinema se n'è andato di punto in bianco senza neanche salutarci.

Mist • Das ist nicht auf seinem Mist gewachsen.
Non è farina del suo sacco. (pop.) / Non è erba del suo orto. (pop.)

mitgehen • etwas mitgehen lassen
fregare qc. (pop.), sgraffignare qc. (pop.), grattare qc. (pop.)
Mentre il proprietario non guardava ha sgraffignato una manciata di caramelle.

Mitte • ab durch die Mitte
scappare (pop.), svignarsela (pop.)
Scappiamo! (pop.) / Via di qui! (pop.)

Mittel • Mittel und Wege finden
trovare la strada / via per arrivare a qc.
Dobbiamo assolutamente trovare la via per arrivare a quel giocatore, renderebbe la nostra squadra imbattibile.

Mittelweg • der goldene Mittelweg
la giusta via di mezzo
Si deve trovare la giusta via di mezzo fra stress da lavoro e assenteismo.

Moment • einen lichten Moment haben
avere un'ispirazione improvvisa
Ho avuto un'ispirazione improvvisa e ho risolto subito il problema.

Mond • jmd auf den Mond schießen wollen
voler / aver voglia di mandare qn. all'inferno / al diavolo (pop.)
Mi ha stufato, ho proprio voglia di mandarlo al diavolo.

Moral • die Moral von der Geschicht'
la morale della storia / favola (pop.)
La morale della favola è che è meglio essere onesti.

Mord • Mord und Totschlag
putiferio
La conferenza è finita con un gran putiferio provocato dai contestatori.

Mordshunger • einen Mordshunger haben
avere una fame da lupi (pop.), non vederci più dalla fame (pop.)
Non ci vedo più dalla fame, non mangio da ieri.

Mordskerl • ein Mordskerl sein
verwegen: essere un tipo capace di tutto
tüchtig: essere un tipo straordinario / in gamba (pop.)
È un tipo straordinario, risolve sempre tutto con grande facilità.

Mordsspaß • einen Mordsspaß haben
divertirsi da matti (pop.) / come dei matti (pop.)
Abbiamo portato i bambini al Luna Park e ci siamo divertiti da matti.

Mores • jmd Mores lehren
far rigare dritto qn., insegnare le buone maniere
Nessuno gli ha insegnato le buone maniere, si comporta come un idiota.

Morgen • Morgen, morgen, nur nicht heute, sagen alle faulen Leute. (prov.)
Chi ha tempo non spetti tempo. (prov.) / Domani è la canzone dell'ozioso. (prov.)

Morgenstund • Morgenstund(e) hat Gold im Mund(e). (prov)
Il mattino ha l'oro in bocca. (prov.) / Chi dorme non piglia pesci. (prov.)

Morpheus • in Morpheus Armen ruhen
essere tra le braccia di Morfeo (pop.)
Quando tornai a casa, trovai mio marito tra le braccia di Morfeo, dormiva come un bambino.

Motten • von etwas angezogen sein, wie die Motten vom Licht
essere attratto come le api dal miele (pop.)
Francesca è davvero affascinante, gli uomini sono attratti da lei come le api dal miele.

Mücke • aus einer Mücke einen Elefanten machen
fare di una mosca un elefante (pop.), fare di un sassolino una montagna (pop.)
«Non è poi così grave, stai facendo di una mosca un elefante.»

Mücke • die Mücke machen
svignarsela (pop.), squagliarsela (pop.), tagliare la corda (pop.)
«Tagliamo la corda prima che ci vedano!»

mucksmäuschenstill
zitto zitto
Entrò zitto zitto in camera da letto, ma sua moglie si svegliò lo stesso.

Mühlrad • wie ein Mühlrad im Kopf herumgehen
qc. che assilla qn. (pop.)
Il pensiero di quel povero cane mi ha assillato tutta la notte, il giorno dopo sono andato al canile a prenderlo.

Mühlstein • wie ein Mühlstein am Halse hängen
essere di peso (pop.)
Dipende in tutto e per tutto da me, questa cosa mi è di peso.

Mund • jmd über den Mund fahren
troncare la parola in bocca a qn.
Quando voglio dire il mio parere, mi tronca sempre la parola in bocca.

Mund • sich den Mund fusselig reden
sprecare il fiato (pop.), parlare al vento (pop.)
È inutile sprecare il fiato con quello là, tanto non capirà mai.

Mund • nicht auf den Mund gefallen sein
avere sempre la battuta pronta (pop.), avere la lingua sciolta (pop.)
Antonio non lo cogli mai impreparato, ha sempre la battuta pronta.

Mund • einen großen Mund haben
essere uno spaccone / smargiasso
Quando fa così è proprio uno spaccone, crede di saper fare tutto lui.

Mund • den Mund halten
tenere la bocca chiusa
«Kein Wort darüber!»: «Acqua in bocca!» (pop.)
«Mi raccomando non dirlo a nessuno, tieni la bocca chiusa!»

Mund • jmd nach dem Mund reden
dire cose che fanno piacere a qn.
Lei non aveva mai una sua opinione, diceva sempre cose che facevano piacere agli altri.

Mund • in aller Munde sein
essere sulla bocca di tutti
La storia che c'era stata fra di loro era ormai sulla bocca di tutti.

Mund • Mund und Nase aufsperren
stare lì a bocca aperta (pop.), spalancare gli occhi (pop.)
Se ne stava lì a bocca aperta a guardare quella nave enorme.

Mund • sich den Mund verbrennen
dire una cosa / frase fuori luogo
Eravamo nel bel mezzo di un funerale e Franco disse una frase fuori luogo che ci ha messo in imbarazzo.

Mund • jmd den Mund wässrig machen
far venire l'acquolina in bocca (pop.)
Il suo capo gli ha fatto venire l'acquolina in bocca offrendogli uno stipendio molto più alto.

Mund • den Mund zu voll nehmen
fare promesse da marinaio
Per conquistarla le fece un sacco di promesse, ma erano solo promesse da marinaio.

Münze • etwas für bare Münze nehmen
prendere qc. per oro colato (pop.)
Meglio non prendere per oro colato tutto ciò che dice, a volte può sbagliare anche lui.

Münze • mit gleicher Münze zurückzahlen
ripagare con la stessa moneta (pop.)
Occhio per occhio, dente per dente. (prov.)
Dopo quello sgarbo decise di ripagarlo con la stessa moneta e gli ruppe tutti i lampioni del giardino.

Murmeltier • schlafen wie ein Murmeltier
dormire come un ghiro (pop.) / un sasso (pop.)
Dopo il turno di 12 ore al lavoro, ho dormito come un ghiro.

Muse • von der Muse geküsst werden
trovare la musa ispiratrice
Quella sera trovò la musa ispiratrice e compose una canzone meravigliosa.

Musik • Hier (Vorn) spielt die Musik!
Fate attenzione!

Musik • Das ist Musik in meinen Ohren!
Questa è musica per le mie orecchie! (pop.)

Musik • Musik im Blut haben
avere la musica nel sangue (pop.)
Il mio ragazzo ha la musica nel sangue, qualsiasi strumento gli metti in mano, lui riesce a suonarlo.

Mustopf • aus dem Mustopf kommen
vivere sulla luna (pop.)
«Ma come, non sai cos'è successo in America? Ma dove vivi, sulla luna?»

Müßiggang • Müßiggang ist aller Laster Anfang. (prov)
L'ozio è il padre dei vizi. (prov.)

Mut • den Mut nicht sinken lassen
farsi coraggio (pop.), non perdersi d'animo
Il pilota dell'aereo disse ai passeggeri di farsi coraggio, ormai il peggio era passato.

Mütchen • an jmd sein Mütchen kühlen
sfogare la propria stizza su qn.
Mi dispiace che tu abbia semidistrutto la macchina, ma non puoi sfogare la tua stizza su di me.

mutig • Dem Mutigen gehört die Welt. (prov)
La fortuna aiuta gli audaci. (prov.)

Mutter • Mit der Mutter soll beginnen, wer die Tochter will gewinnen. (prov)
Chi vuol la figlia, carezzi la madre. (prov.)

Muttermilch • etwas mit der Muttermilch einsaugen
succhiare qc. con il latte materno (pop.), dalla culla (pop.)
Viene da una vecchia famiglia di armatori e si può dire che ha imparato a costruire navi dalla culla.

mutterseelenallein
solo come un cane (pop.)
Da quando è morta la moglie vive solo come un cane in quella grande casa.

nachsagen • Das lass ich mir nicht nachsagen!
Questa non me la lascio dire! / Non permetto che si dica questo di me!

Nachspiel • ein Nachspiel haben
avere un seguito
L'incidente ebbe un seguito molto sgradevole: non si organizzarono più feste in quel locale.

Nacht • bei Nacht und Nebel
in piena notte (pop.) / a notte fonda (pop.) / col favore delle tenebre / in gran segreto
Partì a notte fonda e nessuno se ne accorse, tutti dormivano profondamente. Col favore delle tenebre scapparono dalla prigione.

Nacht • hässlich wie die Nacht sein
essere brutto come la fame (pop.)
Mamma mia, hai visto il nuovo ragazzo della nostra vicina? È brutto come la fame!

Nacht • sich die Nacht um die Ohren schlagen
feiern: far di notte giorno (pop.), fare le ore piccole (pop.)
Che sonno! Ieri abbiamo fatto le ore piccole alla festa di Giovanna!
durchmachen: passare la notte in bianco (pop.)
Ha passato la notte in bianco aspettando il suo ritorno.
Raubbau mit seiner Gesundheit treiben: rovinarsi la salute

Nacht • eine Nacht über etwas schlafen
dormirci sopra (pop.)
Ci dormirò sopra e domani ti darò una risposta.

Nachtigall • Nachtigall ick hör dir trapsen!
Guarda che ho capito come andrà a finire: so quel che bolle in pentola! (pop.) / Vedo dove vuoi andare a parare con le tue parole! (pop.) / Ah, ti conosco mascherina! (pop.)

Nagel • etwas an den Nagel hängen
attaccare al chiodo (pop.)
Ha attaccato la racchetta al chiodo dopo aver giocato a tennis per più di vent'anni.

Nagel • den Nagel auf den Kopf treffen
cogliere nel segno / in pieno (pop.), far centro (pop.)
Quando hai detto che quell'uomo è ricchissimo hai colto nel segno: è l'uomo più ricco d'Europa.

Nagel • der Nagel zum Sarg sein
far morire qn. prima del tempo (pop.) / mandare qn. al camposanto (pop.)
Suo figlio la fa disperare, la farà morire prima del tempo se continua a comportarsi così.

Nägel • Nägel mit Köpfen machen
fare qc. perbene
«Non mettermi fretta, lo sai che mi piace fare le cose perbene.»

Nägel • etwas brennt auf den Nägeln
non vedere l'ora di fare / finire qc. (pop.)
Non vedo l'ora di finire il lavoro e poi potrò finalmente partire!

Nähkästchen • aus dem Nähkästchen plaudern
fare delle confidenze
L'attore ha fatto delle confidenze ai giornalisti rivelando di aver rubato delle mele da un orto quando era bambino.

Nahrung • geistige Nahrung
nutrimento per la mente, alimento spirituale
Questo libro è nutrimento per la mente: è molto interessante!

Name • Mein Name ist Hase.
Sto con i frati e zappo l'orto. (pop.)

Narr • Ein Narr spricht, der Kluge denkt. (prov)
Il pazzo chiacchiera il saggio pensa. (prov.)

Nase • die Nase voll haben
averne fin sopra i capelli di qc. / qn. (pop.), averne abbastanza di qc. / qn. (pop.), averne le tasche / scatole piene (pop.)
Non ce la faccio più, ne ho veramente fin sopra i capelli di quel lavoro. Domani mi licenzio.

Nase • mit der Nase auf etwas gestoßen werden
sbattere qc. sotto il naso a qn. (pop.), far toccare qc. con mano a qn. (pop.)
Me l'ha sbattuto sotto il naso e ho dovuto credergli!

Nase • jmd etwas auf die Nase binden
dare ad intendere qc. a qn.
Il suo amico gli ha dato ad intendere di conoscere perfettamente quelle persone.

Nase • sich an seine eigene Nase fassen
Guardare la pagliuzza nell'occhio altrui e non vedere la trave nel proprio. (bibl.)
«Perché guardi la pagliuzza che è nell'occhio di tuo fratello e non scorgi la trave che è nel tuo occhio?»

Nase • eine Nase für etwas haben
avere naso per qc. (pop.)
Ha investito tanti soldi in quelle azioni ed ora è ricco: ha sempre avuto naso per i buoni affari.

Nase • jmd vor die Nase gesetzt bekommen
essere scavalcato da qn.
Tutto il reparto era sotto la mia responsabilità, ma poi il nuovo arrivato mi ha scavalcato e adesso comanda tutto lui.

Nase • jmd auf der Nase herumtanzen
mettersi qn. sotto i piedi (pop.)
E' una donna così insicura che anche i figli se la mettono sotto i piedi.

Nase • seine Nase in alles stecken
ficcare il naso dappertutto (pop.), essere un / una ficcanaso (pop.)
E' troppo curiosa, ficca il naso dappertutto!

Nase • auf der Nase liegen
essere abbattuto / malato, stendere (a terra)
Quel raffreddore mi ha steso per una settimana.

Nase • jmd eine lange Nase machen
fare marameo a qn. (pop.), fare tanto di naso a qn. (pop.)
Mi ha sorpassato a destra ed ha fatto marameo!

Nase • nicht weiter als seine Nase sehen
non vedere più in là del proprio naso (pop.)
E' talmente stupido che non vede più in là del proprio naso.

Nasenlängen • um Nasenlängen voraus sein
essere avanti / primi per un pelo (pop.) / un soffio (pop.), vincere di stretta misura
E' stata una gara emozionante. L'atleta che ha vinto, era davanti agli altri due per un soffio.

nehmen • Woher nehmen wenn nicht stehlen?
I soldi non crescono sugli alberi. (pop.)
«Non ti posso comprare il motorino, pensi che i soldi crescano sugli alberi?»

Neid • gelb vor Neid sein
verde d'invidia (pop.) / L'invidia gli rode il fegato. (pop.)
Quando ha visto la sua macchina nuova ha sorriso, ma era verde d'invidia.

Neid • Das muss der Neid ihm lassen!
Su questo bisogna rendergli giustizia.
E' un incapace, ma su questo bisogna rendergli giustizia: ha fatto un ottimo lavoro.

Neid • vor Neid platzen
morire / crepare d'invidia (pop.)
E quando le sorellastre videro Cenerentola con il principe creparono d'invidia.

Nenner • etwas auf einen Nenner bringen
trovare un comun denominatore
Dopo una lunga discussione siamo riusciti a trovare un comun denominatore.

Nerven • die Nerven verlieren / durchgehen
perdere la pazienza / farsi saltare i nervi (pop.)
Mi ha fatto saltare i nervi e gli ho dato uno schiaffo.

Nerven • Nerven wie Drahtseile haben
avere i nervi d'acciaio (pop.)
Davanti al pericolo è rimasto imperturbabile: ha i nervi d'acciaio.

Nervensäge • eine Nervensäge sein
essere un rompiscatole (pop.) / un rompipalle (volg.) / un tormento
«Il telefono! Per favore, rispondi tu e se è quella rompiscatole della signora Rossi, dille che non ci sono!»

Nesseln • sich in die Nesseln setzen
mettersi / cacciarsi nei pasticci / guai (pop.)
I genitori hanno sempre timore che i figli si mettano nei guai.

neugeboren • sich wie neugeboren fühlen
sentirsi rinato (pop.) / un altro (pop.)
Dopo questa bella dormita mi sento rinata!

nichts • für nichts und wieder nichts
per niente, fatica sprecata (pop.)
Ho lavorato per tre giorni interi al computer e poi ho perso il file. Tutto il lavoro per niente!
FF: per nulla e poi nulla al mondo: für nichts auf der Welt
«Non mi muoverò da qui per nulla e poi nulla al mondo, te lo giuro!»

nichts • aus dem Nichts auftauchen
emergere / affiorare dal nulla
Quell'uomo sembra affiorato dal nulla, nessuno lo conosce.

nichts • nach nichts aussehen
non sapere di nulla (pop.), non dire nulla (pop.)
Quella ragazza non è né brutta né bella, non sa di nulla.

nichts • Von nichts kommt nichts.
Senza farina non si può fare pane. (pop.) / Nulla nasce dal nulla. (pop.) / Con niente non si ottiene niente. (pop.)

nichts • vor dem Nichts stehen
stare sull'orlo del precipizio / baratro
La situazione finanziaria di mio zio è molto difficile, sta sull'orlo del precipizio.

nichts • Nichts für ungut!
Senza offesa!

nie • Man soll niemals nie sagen.
Non bisogna mai dire mai.

Nieren • etwas geht jmd an die Nieren
qc. che va direttamente al cuore di qn. (pop.)
Quel racconto gli è andato direttamente al cuore ed ha pianto a lungo.

niet • alles, was nicht niet- und nagelfest ist
tutto quello che non è saldamente inchiodato (pop.) / fissato (pop.)
Il forte vento ha spazzato via tutto quello che non era saldamente fissato.

Nimmerleinstag • am Sankt Nimmerleinstag
alle calende greche
Hanno rimandato il trasloco alle calende greche: resteranno qui per sempre.

Not • wenn Not am Mann ist
se le cose prendono una brutta piega (pop.), se le cose si mettono male (pop.)
Se le cose si mettono male dovremo pagare molti soldi.

Not • aus der Not eine Tugend machen
fare di necessità virtù (pop.)
E' dovuto arrivare fino a Roma per trovare quel libro, ma ha fatto di necessità virtù ed è andato al concerto che si teneva quella sera al Colosseo.

Not • in der Not frisst der Teufel Fliegen
In tempo di tempesta ogni buco è porto. (prov.) / In tempo di guerra ogni spiedo è spada. (prov.) / In tempo di carestia pane raffermo. (prov.)

Not • Not macht erfinderisch. (prov)
La necessità aguzza l'ingegno. (prov.)
Ha riparato il finestrino usando un pezzo di fil di ferro: la necessità aguzza l'ingegno!

Notgroschen • einen Notgroschen haben
avere un gruzzoletto da parte in caso di bisogno (pop.)
Mia nonna diceva sempre di risparmiare per avere da parte un gruzzoletto in caso di bisogno.

Null • eine Null sein
essere una nullità
Ogni volta che vedo quella nullità mi domando perché la mia amica l'abbia sposato!

Nullpunkt • auf dem Nullpunkt angekommen sein
wieder am Nullpunkt angelangt sein: essere di nuovo al punto di partenza
«Guarda, dopo una settimana di lavoro siamo di nuovo al punto di partenza. Te lo dicevo che ci stavamo sbagliando!»
Stimmung: avere l'umore sotto i tacchi (pop.)
Ho dovuto rincuorare i ragazzi tutta la sera, avevano veramente l'umore sotto i tacchi.

Nummer • auf Nummer Sicher gehen
andare sul sicuro (pop.)
Ci vuole un'ora per arrivare a casa sua, ma partiremo con due ore di anticipo per andare sul sicuro.

ob • Und ob!
Eccome! / Come no! / Altro che!
«Ti piacerebbe andare al cinema stasera?» «Eccome!»

oben • Mir steht es bis oben.
averne fin sopra i capelli (pop.)
Mi hai stancato, ne ho fin sopra i capelli di questa storia.

oben • das Oberste zuunterst kehren
mettere sottosopra (pop.), mettere tutto a soqquadro (pop.)
Per cercare il libro ha messo sottosopra tutta la libreria.

Oberhand • die Oberhand gewinnen
prendere il sopravvento (pop.)
Ha guidato per molte ore, ma alla fine la stanchezza ha preso il sopravvento e si è fermato per dormire un po'.

Oberwasser • Oberwasser kriegen (haben)
essere in posizione vantaggiosa
«Adesso sei tu ad essere in posizione vantaggiosa e puoi permetterti quello che vuoi.»

Ofen • ein heißer Ofen
un'auto potente / bolide (pop.)
Valentino Rossi con il suo bolide è diventato un idolo di tutti gli appassionati di moto.

Ofen • der Ofen ist aus
chiudere con qc. /qn. (pop.)
«Basta, con te ho chiuso!»

Ofen • sich nicht hinterm Ofen vorlocken lassen
non lasciarsi attirare / allettare / adescare
La tua offerta non mi attira per niente.

Ohr • sich aufs Ohr legen
schiacciare / fare un pisolino (pop.)
Dopo quel lauto pranzo ci vuole assolutamente un pisolino!

Ohr • noch grün hinter den Ohren sein

avere ancora la bocca sporca di latte (pop.) / la goccia al naso (pop.), essere di primo pelo (pop.)

Suo figlio è inesperto e troppo giovane per questo incarico, ha ancora la bocca sporca di latte.

Ohr • ganz Ohr sein

essere tutt'orecchi (pop.)

«Racconta, sono tutt'orecchi!»

Ohr • auf diesem Ohr taub sein

non sentirci da un orecchio (pop.), fare orecchio da mercante (pop.)

Se gli chiedi di pagare lui il conto non ti risponderà perché da quell'orecchio non ci sente!

Ohren • Mir klingen die Ohren.

Mi sento fischiare le orecchie. (pop.)

Dopo questa lunga discussione mi fischiano le orecchie.

Ohren • viel um die Ohren haben

avere molto da fare, essere molto affaccendato / occupato

Molto probabilmente Cesare non può venire alla nostra festa, ha molto da fare nei prossimi giorni.

Ohren • es faustdick hinter den Ohren haben

saperne una più del diavolo (pop.), essere una buona lana (pop.)

Devi fare attenzione con quell'uomo perché ne sa una più del diavolo!

Ohren • jmd etwas um die Ohren hauen
dare una tirata d'orecchi (pop.) / una lavata di capo a qn. (pop.)
Quando arrivò con 3 ore di ritardo si prese una bella tirata d'orecchi dal suo capo.

Ohren • jmd mit etwas in den Ohren liegen
rompere i timpani a qn. (pop.), attaccare un bottone a qn. (pop.)
Quando si parla di calcio mio fratello mi attacca un bottone con la sua squadra del cuore e non la finisce più.

Ohren • die Ohren offen halten
tenere gli occhi aperti (pop.), tenere le orecchie tese (pop.)
Faceva finta di niente, ma teneva le orecchie tese.

Ohren • tauben Ohren predigen
predicare / parlare al muro / al vento / ai sordi / nel deserto (pop.)
Dire ai bambini di lavarsi le mani prima di pranzo è come parlare al vento!

Ohren • mit den Ohren schlackern
restare a bocca aperta (pop.)
Quando gli dissero che aveva vinto il primo premio restò a bocca aperta.

Ohren • die Ohren spitzen
allungare / drizzare gli orecchi (pop.), stare con le orecchie tese (pop.)
Quando sentono parlare di soldi drizzano subito gli orecchi.

Ohren • Halt die Ohren steif!
Forza e coraggio! (pop.) / In gamba! (pop.)

Ohren • auf offene Ohren stoßen
trovare porte aperte (pop.)
Quando presentò il suo progetto furono tutti entusiasti, trovò aperte tutte le porte.

Ohren • seinen Ohren nicht trauen
non credere alle proprie orecchie (pop.)
«Quello che mi racconti ha dell'incredibile: non credo alle mie orecchie!»

Ohren • sich über beide Ohren verlieben
essere innamorato cotto (pop.)
Alessandra è proprio innamorata cotta di Antonio, parla sempre di lui, non mangia più, non dorme...

Öl • Öl ins Feuer gießen
gettare olio / soffiare sul fuoco (pop.), aggiungere legna al fuoco (pop.)
Quando sua moglie gli parla in quel modo è come soffiare sul fuoco, lui si arrabbia ancora di più.

Ölgötze • wie ein Ölgötze dasitzen
starsene lì come un babbeo (pop.) / allocco (pop.)
«Fa' qualcosa! Non startene lì come un babbeo!»

Opfer • jmd / etwas zum Opfer fallen
cadere / essere vittima di qc. / qn.
Gli alberi sono caduti vittima della nuova autostrada.

Orakel • in Orakeln sprechen
parlare per enigmi
Quando si chiedono spiegazioni a certi politici rispondono parlando per enigmi.

Orgel • wie die Orgelpfeifen
allineati a scala (pop.)
I ragazzi del coro erano allineati a scala e occupavano tutto il palco.

Ort • an Ort und Stelle
bezogen auf Gesprächsort und -zeit: qui e subito!
bezogen auf Ort und Zeit: immediatamente, su due piedi (pop.)
«Non posso risponderti su due piedi, dammi tempo!»

Örtchen • aufs stille Örtchen gehen
andare in quel / un certo posticino (pop.)

Oskar • frech wie Oskar sein
essere molto sfacciato / insolente
Oggigiorno anche le ragazze sanno essere molto sfacciate.

Otto • Otto Normalverbraucher
il consumatore medio, l'uomo comune / della strada
Secondo le recenti statistiche oggi l'uomo della strada va meno al ristorante di prima dell'ingresso dell'euro.

Otto • den flotten Otto haben
avere la cacarella (pop.) / sciolta (volg.) / il cagotto (pop.)
Ha avuto così paura che gli è venuta la cacarella!

Paar • ein ungleiches Paar sein
essere una coppia mal assortita
Sono proprio una coppia mal assortita, lei starebbe in giro da mattina a sera, mentre lui è uno schiavo della televisione.

paar • Du kriegst ein paar!
Guarda che ti do uno schiaffo! (pop.)

Pack • Pack schlägt sich, Pack verträgt sich.
Cane non mangia cane. (prov.)

Päckchen • sein Päckchen zu tragen haben
portare la propria croce (pop.)
Ognuno ha la sua croce da portare.

packen • Ich pack' das nie.
nicht verstehen: Non lo / la capirò mai! (pop.)
nicht schaffen: Non ci riuscirò mai! (pop.) / Non ce la farò mai! (pop.)

packen • Pack dich!
Vattene! (pop.) / Sparisci! (pop.)

Packesel • Ich bin doch nicht dein Packesel!
«Non sono mica il tuo schiavetto!» (pop.)

Palme • jmd auf die Palme bringen
mandare in bestia qn. (pop.), far andare qn. su tutte le furie (pop.)
Quando mi parla in quel modo mi manda veramente in bestia.

Pantoffel • unterm Pantoffel stehen
essere succube di qn.
«Povero Andrea, è succube di sua moglie, fa tutto quello che gli dice lei.»

Papier • Papier ist geduldig.
La carta è paziente. (prov.) / Scripta manent, verba volant. (prov. lat.)

Pappenheimer • Ich kenne meine Pappenheimer.
Conosco i miei polli. (pop.)

Papst • päpstlicher als der Papst sein
essere più realista del re (pop.)

Parade • jmd in die Parade fahren
rompere le uova nel paniere a qn., guastare i piani a qn.
Con la sua nuova proposta ci ha guastato tutti i piani.

Partie • eine gute Partie machen
fare un buon colpo (pop.), sposare un buon partito
Irene ha fatto un buon colpo, si è sposata con il figlio del più grosso petroliere del paese.

Partie • mit von der Partie sein
starci (pop.), essere della partita (pop.)
«Perfetto! Sono riuscito a liberarmi per il fine settimana, sarò anch'io della partita con voi!»

passen • wie angegossen passen
stare a pennello (pop.)
Quel vestito le sta proprio a pennello.

passen • Das passt mir nicht!
Questa cosa / faccenda non mi sta per niente bene.

Pate • bei etwas Pate gestanden haben
essere preso come esempio / modello
Quella costruzione era talmente perfetta che per anni fu presa come esempio dagli architetti.

Pauke • auf die Pauke hauen
sich lautstark bemerkbar machen: farsi notare ad alta voce
sich vergnügen: far baldoria (pop.)
Venerdì scorso abbiamo fatto baldoria a casa di Antonio, è stato veramente uno sballo!

Pech • So ein Pech
Che sfortuna! (pop.) / Che scalogna! (pop.) / Che iella! (pop.) / Che sfiga! (volg.)

Pech • wie Pech und Schwefel zusammenhalten
essere cuciti a filo doppio, essere come pane e cacio (pop.) / come culo e camicia (volg.)
Quei due li vedo sempre insieme, sono come culo e camicia.

Pechsträhne • eine Pechsträhne haben
passare una sequela di guai
Dopo che mi sono trasferito a Roma ho passato una sequela di guai che non sto neanche a raccontarti.

Pechvogel
essere sfortunato (pop.)
Non gliene va bene una, è proprio sfortunato.

Pelle • jmd nicht von der Pelle gehen
non staccarsi da qn., seguire qn. passo passo (pop.)
Non mi ha mollato per un secondo, mi ha seguito passo passo durante tutta la vacanza.

Pelle • jmd auf der Pelle sitzen
non staccarsi da qn.
Mio fratellino fa tutto quello che faccio io, non si stacca mai da me.

Pelle • jmd auf die Pelle rücken
incalzare qn., stare alle calcagna di qn. (pop.)
Da quando l'ho aiutato una volta mi sta alle calcagna, chiama tutti i giorni.

Pelz • Wasch mir den Pelz, aber mach mich nicht nass.
Non si può avere la botte piena e la moglie ubriaca. (prov.)

per • per pedes
a piedi
Mi si è rotta la macchina e ho prestato la bicicletta a mia sorella; dovrò andare a piedi.

Perle • Da wird dir keine Perle aus der Krone fallen!
Non ci rimetterai niente! (pop.) / Non ti costerà niente! (pop.)

Perle • Perlen vor die Säue werfen. (bibl.)
dare / gettare le perle ai porci (bibl.)
«Ti prego, non regalare quella stupenda chitarra a Giovanni, è solo un principiante e sarebbe come gettare le perle ai porci.»

Person • die Pünktlichkeit in Person sein
essere puntuale come un orologio svizzero (pop.)
Arriva sempre in perfetto orario, è puntuale come un orologio svizzero.

Pest • jmd die Pest an den Hals wünschen
augurare a qn. tutti i mali di questo mondo (pop.)
Le auguro tutti i mali di questo mondo, ha fatto una cosa veramente terribile.

Pest • jmd / etwas wie die Pest hassen
odiare qc. / qn. come la peste (pop.) / con tutte le proprie forze (pop.)
Mia sorella odia la sua insegnante come la peste.

Pest • stinken wie die Pest
<u>Person:</u> puzzare come un caprone (pop.) / una carogna (pop.) / fogna (pop.)
<u>Ort nur:</u> puzzare come una fogna (pop.)
Quel ragazzo puzza come un caprone, mi sa che non si lava da giorni.

Petersilie • Dir hat es wohl die Petersilie verhagelt?
Che sei di cattivo umore? (pop.)

Pfanne • jmd in die Pfanne haun
jmd hereinlegen: fregare qn.
Vendendogli la sua macchina per quella cifra lo ha proprio fregato.
jmd schaden: abbattere qn.
Non vorrei abbatterlo, ma qualcuno gli dovrà dire prima o poi che il suo lavoro è stato completamente inutile.

Pfau • eitel wie ein Pfau sein
pavoneggiarsi (pop.), essere vanitoso come un pavone
«Guarda quella, non fa altro che pavoneggiarsi da quando ha vinto il concorso di bellezza.»

Pfeffer • hingehen (bleiben) wo der Pfeffer wächst
andare a quel paese (pop.), andare all'inferno (pop.)
«Mi hai proprio stufato, vai a quel paese!»

Pfeffer • gepfefferte Preise
prezzi salati (pop.)
Da quando hanno cambiato gestione, in quel ristorante i prezzi sono veramente salati.

Pfeife • nach jmds Pfeife tanzen
farsi comandare a bacchetta da qn. (pop.)
«È inutile che continui a darmi ordini, non mi faccio comandare a bacchetta da nessuno.»

pfeifen • auf etwas pfeifen
infischiarsene (pop.)
«Me ne infischio di te e di tutti i tuoi amici!»

Pfennig • Wer den Pfennig nicht ehrt, ist den Taler nicht wert. (prov)
Chi non stima un quattrino non lo vale. (prov.) / Chi non tiene conto del poco non acquista assai. (prov.)

Pfennig • jeden Pfennig umdrehen müssen
dover badare al centesimo
Da quando ho perso il lavoro devo badare al centesimo.

Pferd • das Pferd beim Schwanze aufzäumen
mettere il carro innanzi / davanti ai buoi

Pferd • Das hält kein Pferd aus.
È insopportabile.

Pferd • aufs falsche Pferd gesetzt haben
aver puntato sul cavallo perdente (pop.)
Proponendolo per quella promozione credevo di aver scelto bene, ma visti i risultati credo di aver proprio puntato sul cavallo perdente.

Pferd • das beste Pferd im Stall sein
im Sport: essere la punta di diamante (pop.)
Di sicuro questa sera sarà dura vincere la partita, ci manca la nostra punta di diamante.
im Büro / in der Firma: essere il fiore all'occhiello (pop.)
A quel convegno manderemo Francesca, è il fiore all'occhiello della nostra redazione.

Pferd • wie ein Pferd schuften
lavorare come un mulo (pop.) / un dannato (pop.) / una bestia (pop.) / un negro (razz.)
Ha lavorato come un mulo per tutta la vita e adesso si gode un meritato riposo.

Pferde • Immer langsam mit den jungen Pferden!
«Non affrettare i tempi!»

Pferde • Da bringen mich keine zehn Pferde hin.
Non c'è barba d'uomo che possa farmi andare lì. (pop.) / Non mi muoverò da qui, cascasse il mondo. (pop.)

Pferde • nicht die Pferde scheu machen
non creare turbamento / inquietudine
Per non creare turbamento in ufficio farò l'annuncio solo il mese prossimo.

Pferdefuß • einen Pferdefuß haben
c'è qualcosa che non va (pop.), qui gatta ci cova
In questa faccenda c'è qualcosa che non va.

Pfifferling • keinen Pfifferling wert sein
non valere un fico secco (pop.) / una cicca (pop.) / un quattrino (pop.) / un soldo (pop.) / un fischio (pop.)
Il quadro che ha comprato non vale una cicca.

Pfingstochse • herausgeputzt wie ein Pfingstochse
essere agghindato (come…)
«Sei agghindata come un confetto!» «Truccata così sembri un pagliaccio!»

Pflaster • ein heißes Pflaster
una zona pericolosa
Ho fatto accompagnare Paolo da suo padre, non voglio che passi in quel quartiere da solo, è una zona pericolosa.

Pflaster • ein teures Pflaster
una zona cara / costosa
Trovare casa lì è veramente impossibile, è una zona troppo cara.

Pflicht • Das ist deine verdammte Pflicht und Schuldigkeit.
È il tuo sacrosanto dovere.

Pflock • einen Pflock zurückstecken
moderare le proprie pretese
Dopo il capovolgimento della situazione hanno dovuto moderare le loro pretese.

Phrase • leere (hohle) Phrasen dreschen
fare della retorica, dire frasi / parole vuote
Il presidente dell'agenzia fece un discorso di tre ore, ma come al solito erano solo delle frasi vuote.

Piep • einen Piep haben
essere un po' tocco (pop.) / matto (pop.)
Ha un fratello un po' tocco, a vent'anni si diverte ancora a fare scherzi infantili.

piep • nicht piep sagen
non dire mezza parola
È una bambina molto timida che non dice mai mezza parola.

Pike • etwas von der Pike auf lernen
imparare una cosa perfettamente
Dopo tanti anni trascorsi in quella bottega ha imparato perfettamente a lavorare il legno.

Pistole • wie aus der Pistole geschossen
come una pistolettata (antiq.), di botto (pop.) / getto (pop.)
«Non rispondere di getto, pensaci bene prima di parlare.»

Platze • die Platze kriegen / sich die Platze an den Hals ärgern
scoppiare dalla rabbia (pop.), andare su tutte le furie (pop.)
Le sue ridicole scuse mi fanno andare su tutte le furie, è evidente che mente.

platzen (vor Lachen)
scoppiare dalle risate (pop.)
Quando racconta le sue barzellette ci fa scoppiare dalle risate.

platzen (vor Neid)
crepare d'invidia (pop.)
Quando la videro arrivare alla festa crepararono d'invidia, era mille volte più bella di loro.

platzen (vor Ungeduld)
fremere dall'impazienza
La mattina di Natale tutti i bimbi fremono dall'impazienza di aprire i loro regali.

platzen (vor Wut)
scoppiare dalla rabbia (pop.), andare su tutte le furie (pop.)
I suoi continui ritardi mi fanno scoppiare dalla rabbia.

Pleitegeier • Der Pleitegeier sitzt auf dem Dach.
C'è pericolo di fallimento.

Polizei • dümmer sein als die Polizei erlaubt
Più stupido di così si muore. (pop.)

Pontius • von Pontius zu Pilatus laufen / geschickt werden
andare / correre / mandare da Erode a Pilato (pop.)
Per fare un certificato al comune mi hanno mandato da Erode a Pilato, ho perso tutta la mattina.

Portion • es gehört eine ganze Portion Glück dazu
Ci vuole una buona dose di fortuna. (pop.)

Portion • eine halbe Portion sein
essere un mingherlino (pop.)
«Guarda come si è fatto grande e grosso, non ci crederesti che fino a due anni fa era un mingherlino.»

Porzellan • viel Porzellan zerschlagen
fare il diavolo a quattro (pop.)
Quando sono tornato in negozio e non mi volevano cambiare il televisore difettoso, ho fatto il diavolo a quattro.

Positur • sich in Positur werfen
mettersi in posa
Ogni volta che vedeva una macchina fotografica si metteva in posa.

Posten • (nicht) auf dem Posten sein
(non) stare bene, (non) essere in forma
Oggi non sono in forma, vorrei andarmene a letto.

Posten • auf verlorenem Posten stehen
combattere una battaglia persa (pop.)
Discutere con Luigi era come combattere una battaglia persa, voleva sempre avere ragione.

Präsentierteller • wie auf dem Präsentierteller sitzen
essere / stare in bella mostra (pop.)
La modella stava in bella mostra davanti a tutti, pronta per farsi fotografare.

Preis • um jeden Preis
ad ogni costo
Mia sorella voleva quella maglia ad ogni costo, ha speso tutti i suoi risparmi per comprarla.

Preis • Alles hat seinen Preis.
Ogni cosa ha il suo prezzo.

Primel • eingehen wie eine Primel
<u>sterben:</u> spegnersi
<u>pleite gehen:</u> fallire
<u>kaputtgehen:</u> rompersi
Dopo che la ditta di suo padre è fallita, Matteo ha dovuto cercare lavoro all'estero.

Probe • Unsere Geduld wurde auf eine harte Probe gestellt.
La nostra pazienza è stata messa a dura prova. (pop.)

probieren • Probieren geht über Studieren. (prov)
Val più la pratica che la grammatica. (prov.)

Prophet • Der Prophet gilt nichts im eigenen Land. (bibl)
Nessuno è profeta in patria. (bibl.)

Prozess • mit jmd kurzen Prozess machen
non far tante storie con qn. (pop.), farla breve (pop.), tagliar corto / netto (pop.)
«Forse è meglio tagliar corto, non ho voglia di discutere con te.»

Pudel • wie ein begossener Pudel dastehen
stare con la coda fra le gambe (pop.), starsene li come un cane bastonato (pop.)
«Invece di startene lì come un cane bastonato, dovresti uscire e cercarti un'altra ragazza.»

Pudel • des Pudels Kern
il nocciolo della questione (pop.)
La sua domanda centrava proprio il nocciolo della questione.

pudelwohl • sich pudelwohl fühlen
stare da dio (pop.)
Ha un appartamento davvero molto carino, ci si sta da dio.

Pulver • Der hat das Pulver nicht erfunden.
Non è una cima (pop.) / un'aquila (pop.)

Pulver • sein Pulver verschossen haben
aver sparato tutte le cartucce (pop.)
Già all'inizio del secondo tempo avevano sparato tutte le cartucce, non avevano la minima possibilità di vincere la partita.

Pulver • Geld verpulvern
spendere e spandere (pop.), avere le mani bucate (pop.), spargere denaro a piene mani (pop.)
Sua moglie ha le mani bucate, non c'è giorno in cui non vada a fare compere in qualche negozio del centro.

Pulverfass • wie auf einem Pulverfass sitzen
star seduto su un vulcano (pop.), camminare sul filo del rasoio (pop.)
Giorgio dovrebbe stare attento, sta camminando sul filo del rasoio e un errore potrebbe costargli caro.

Pump • auf Pump kaufen
comprare a credito
Al momento non avevano abbastanza soldi e hanno dovuto comprare la macchina a credito.

Punkt • Nun mach aber mal einen Punkt!
Ora basta!

Punkt • ein dunkler Punkt
un capitolo nero
Il nazismo è stato il capitolo più nero della storia tedesca.

Punkt • der springende Punkt
il fattore decisivo
Il fattore decisivo che ci ha fatto acquistare quella casa è stata la vicinanza del parco per i bambini.

Punkt • den Punkt aufs i setzen
dare l'ultimo tocco (pop.)
In cucina è sempre lo chef che vuole dare l'ultimo tocco ai piatti.

Punkt • ohne Punkt und Komma reden
parlare a mitraglia / ininterrottamente (pop.)
Tutte le volte che mi telefona so che perderò delle ore, perché parla veramente a mitraglia.

Punktum
Basta.
«Basta. Stasera non esci. Vai subito in camera tua!»

Puppe • bis in die Puppen schlafen
dormire fino a tardi / a giorno inoltrato
Quando fa il turno di notte, mio marito dorme fino a giorno inoltrato.

Quadratlatschen
barche (pop.)
Mio cugino porta il 46 di piede, deve comprare scarpe che a vederle sembrano delle barche.

Qual • die Qual der Wahl
l'imbarazzo della scelta (pop.)
In quel negozio si trova sempre ciò che si cerca, c'è solo l'imbarazzo della scelta.

Quecksilber • ein Quecksilber sein / Quecksilber im Leibe haben
avere l'argento vivo addosso (pop.)
Quando ero giovane non stavo fermo un secondo, avevo l'argento vivo addosso.

Quelle • aus gutunterrichteter Quelle
da fonte ben informata
I bravi giornalisti danno la notizia solo se proviene da una fonte ben informata.

Quere • jmd in die Quere kommen
intralciare qn., guastare i piani di qn.
Se nessuno avesse intralciato il suo lavoro, sarebbe riuscito a consegnare il suo progetto in tempo.

Quittung • die Quittung für etwas bekommen
avere una risposta a qc., ricevere come risposta, essere ripagato
«Questa è la risposta per il tuo comportamento.»

Rabe • stehlen wie ein Rabe
rubare come una gazza (pop.)
I venditori delle bancherelle al mercato lo conoscono molto bene, quel tipo ruba come una gazza.

Racker • ein Racker sein
essere un birbone / birichino (pop.)
È un vero birbone, gli piace fare gli scherzi.

Rache • Rache ist süß. (prov)
Vendetta, tremenda vendetta. (prov.)

Rachen • den Rachen nicht voll kriegen
non averne mai abbastanza
È già il sesto giro che fa sull'autoscontro, non ne ha mai abbastanza.

Rad • das fünfte Rad am Wagen sein
essere superfluo / di troppo
Quando sono uscita con mia sorella e il suo ragazzo, mi sentivo di troppo, non c'entravo proprio niente in quella serata.

Rad • Das Rad der Geschichte lässt sich nicht zurückdrehen.
Non si può tornare indietro.

Rädchen • ein Rädchen im Getriebe sein
essere una rotellina dell'ingranaggio (pop.)
Noi esseri umani ci sentiamo tanto importanti, ma siamo solo delle rotelline nell'ingranaggio dell'universo.

Räder • unter die Räder kommen
andare in rovina
Nessuno si sarebbe mai aspettato che sarebbe andato in rovina per colpa di una donna.

Rage • jmd bringt etwas in Rage
qc. manda in bestia qn. (pop.)
«Smettila di mentire, lo sai che mi manda in bestia.»

Rahm • den Rahm abschöpfen
prendersi il meglio
Quando usciamo con delle ragazze, Paolo si prende il meglio, a noi rimangono sempre le più bruttine.

Rahmen • aus dem Rahmen fallen
essere fuori dell'ordinario
È un tipo fuori dell'ordinario, non so se s'integrerà bene nel nostro ufficio.

Rand • zu Rande kommen mit jmd / etwas
venirne a capo (pop.)
Mi sono scervellata tutta la notte su quel problema, ma non sono riuscita a venirne a capo.

Rand • außer Rand und Band sein
essere fuori di sé (pop.)
Era fuori di sé dalla gioia quando ha saputo di aver vinto al totocalcio.

Rang • jmd den Rang ablaufen
battere qn.
Daniela era entusiasta, lei e le sue compagne di classe avevano battuto la classe più forte del liceo.

Rang • Rang und Namen haben
essere conosciuto e influente
Dovremmo proprio andare a quel ricevimento, sarà pieno di persone conosciute ed influenti.

Ränke • Ränke schmieden
ordire inganni / intrighi
Quelle due sorelle sono veramente tremende, non fanno altro che ordire inganni.

Rappel • einen Rappel haben
sich aufregen: arrabbiarsi
plötzlich etwas Bestimmtes tun wollen: a qn. salta il grillo di… (pop.)
Filippo non si tiene più, gli è saltato il grillo della bicicletta e nessuno gliela cava più dalla testa.

rar • sich rar machen
farsi raro (pop.), rendersi prezioso, fare il prezioso
Cosa rara, cosa cara. (prov.)
Gliel'ho sempre detto che se vuole riconquistarla dovrebbe farsi raro per un po'.

rasten • Wer rastet, der rostet. (prov)
Chi si ferma è perduto. (prov.)

Räson • jmd zur Räson bringen
ridurre qn. alla ragione
Dopo il litigio stava per lasciarla, ma per fortuna è arrivato il suo migliore amico per ridurlo alla ragione.

Rast • ohne Rast und Ruh
senza tregua
Le squadre di soccorso cercarono sopravvissuti fra le macerie per tutta la notte senza tregua.

Rat • Da ist guter Rat teuer.
non sapere a che santo votarsi (pop.), non sapere che pesci pigliare (pop.)
Questo è un caso difficile.
Sono in una situazione veramente difficile e non so più a che santo votarmi.

Rat • jmd mit Rat und Tat zur Seite stehen
assistere qn. con le parole e con i fatti
Dopo che si era separata dal marito i suoi genitori l'assistettero con le parole e con i fatti.

raten • Dreimal darfst du raten!
Indovina! (pop.)

Rätsel • Das ist des Rätsels Lösung!
Questa è la soluzione.

Ratte • Die Ratten verlassen das sinkende Schiff.
I topi abbandonano la nave che affonda. (pop.)

Raubbau • (mit seiner Gesundheit) Raubbau treiben
rovinarsi la salute
Fumando così tanto si rovina la salute.

Rauch • sich in Rauch auflösen
sparire nel nulla (pop.)
Ho cercato il mio cane in tutto il parco, ma sembra essere sparito nel nulla.
FF: andare in fumo: in die Binsen gehen

Rauch • Kein Rauch ohne Feuer. (prov)
Non c'è fumo senza arrosto. (prov.)

rau • eine raue Schale haben: Hinter einer rauen Schale verbirgt sich oft ein weicher Kern.
Sotto una ruvida scorza si cela spesso un cuore generoso.

Raum • die Frage steht im Raum
C'è una domanda in sospeso.

Rechnung • eine alte Rechnung begleichen
saldare / pagare un vecchio conto
Non gli conviene ritornare in città, si ritroverebbe con un sacco di vecchi conti da saldare.

Rechnung • Da hast du die Rechnung ohne den Wirt gemacht!
Hai fatto i conti senza l'oste! (pop.)

Recht • Das ist mein gutes Recht!
È il mio diritto!

Recht • Recht muss Recht bleiben.
Quel che è giusto è giusto.

Recht • an den Rechten geraten
trovare la persona giusta
«È Lei che si occupa del reparto vernici?»- «Si, signora, ha trovato la persona giusta.»

Recht • nach dem Rechten sehen
andare a vedere se tutto è in ordine
«Ho sentito un rumore strano in cantina, vado a vedere se è tutto in ordine.»

Recht • Was dem einen recht ist, ist dem anderen billig. (prov)
Non si devono usare due pesi e due misure. (prov.)

recht • Alles was recht ist!
Alles, was recht ist, aber…
Va bene, ma…

recht • nur recht und billig
com'è giusto che sia
Alla fine Eduardo e Rita si sono rimessi insieme, com'è giusto che sia.

Rede • Langer Rede kurzer Sinn
in poche parole, in breve

Rede • große Reden führen (schwingen)
vantarsi, darsi un peso (pop.), fare il gradasso (pop.)
Il primo ministro si è vantato di aver ridotto le tasse, ma l'opposizione gli ha fatto notare il generale aumento dei prezzi.

Rede • Reden ist Silber, Schweigen ist Gold. (prov)
La parola è d'argento, il silenzio è d'oro. (prov.)

Rede • jmd Rede und Antwort stehen
rendere conto a qn.
Mi devi rendere conto di tutto quello che hai fatto la settimana scorsa.

Rede • für etwas Rede und Antwort stehen
render conto di qc., giustificarsi per qc.
Dopo che fu scoperto, dovette render conto davanti al giudice del suo imbroglio.

reden • Du hast gut reden!
«Hai un bel dire!»

Redner • kein großer Redner sein
essere un cattivo oratore
La politica non fa per lui, è un pessimo oratore.

Regel • nach allen Regeln der Kunst
a regola d'arte
È stato uno scherzo a regola d'arte, è riuscito perfettamente.

Regel • Keine Regel ohne Ausnahme. (prov)
L'eccezione conferma la regola. (prov.)

Regen • ein warmer Regen
un'entrata inattesa, un guadagno inatteso
L'eredità lasciataci da quel lontano parente è stata veramente un'entrata inattesa.

Regen • vom Regen in die Traufe kommen
cadere dalla padella nella brace (pop.)
Poverina, non era contenta del suo lavoro e l'ha lasciato. Ora ne ha uno nuovo, ma è ancora peggio! È proprio caduta dalla padella nella brace.

Regiment • das Regiment führen
streng, autoritär sein: comandare
alles unter Kontrolle haben: avere tutto sotto controllo
A casa nostra è la zia che comanda.

Regionen • in höheren Regionen schweben
essere un sognatore, avere la testa fra le nuvole (pop.)
Meglio non chiedergli niente, in questo periodo ha la testa fra le nuvole.

Register • alle Register ziehen
dare il meglio, ricorrere ad ogni mezzo
I ragazzi diedero il meglio sul palco ed ebbero un grande successo.
Pur di ottenere quel posto, è disposto a ricorrere ad ogni mezzo.

Reihe • aus der Reihe tanzen
essere diverso dagli altri
Tutti i suoi fratellini la sera si mettevano buoni a tavola per mangiare, ma lui era diverso dagli altri e voleva sempre mangiare in camera sua.

Reihe • in Reih und Glied
in fila
Gli scolari ascoltavano tutti in fila le istruzioni del professore di ginnastica.

Reiher • kotzen wie ein Reiher
vomitare l'anima (pop.), buttar fuori l'anima (volg.)
Alla festa ha bevuto come una spugna. Appena è tornato a casa ha vomitato anche l'anima.

Reim • Ich kann mir meinen Reim darauf machen.
Basta fare due più due e si capisce.

Reim • Ich kann mir keinen Reim darauf machen.
Non mi torna. (pop.)

reinkriechen • jmd hinten reinkriechen
leccare il culo a qn. (volg.)
Lo sanno tutti che ha leccato il culo al capo per ottenere quella promozione.

reinwaschen • sich reinwaschen (wollen)
lavarsene le mani (pop.), fare come Pilato (bibl.)
Pensavo dovesse organizzare lui la mostra di pittura, ma siccome non aveva tempo se ne lavò le mani.

Reise • Wenn einer eine Reise tut, dann kann er was erzählen. (prov)
Viaggiando, s'impara. (prov.)

Reiselust • jmd packt die Reiselust
a qn. viene la voglia di viaggiare
Mi è venuta la voglia di viaggiare, così ho fatto le valigie e sono partita.

reißen • hin und hergerissen sein
essere combattuto
Sono combattuto se andare in vacanza al mare in Puglia o in Basilicata.

Reserve • jmd aus der Reserve locken
far uscire qn. dalla sua riservatezza
Il suo scopo era quello di far uscire i suoi alunni dalla loro riservatezza e farli parlare più apertamente di quell'argomento.

Respekt • jmd Respekt einflößen
incutere rispetto
Quello è un arbitro che incute rispetto, nessuno osa contraddirlo.

Rest • der letzte Rest vom Schützenfest
i rimasugli (pop.)

Rest • Das gibt mir den Rest
Questo mi dà il colpo di grazia. (pop.)

Rest • sich den Rest holen
prendersi il colpo di grazia (pop.)
Stava già male, ma dopo esser uscito per andare a cena fuori, si è preso il colpo di grazia e ora deve stare a letto.

Retter • Retter in der Not
il salvatore della patria (pop.)
Quella sera il portiere fu il salvatore della patria, parò un rigore all'ultimo minuto evitando l'eliminazione.

retten • nicht mehr zu retten sein
essere andato (pop.) / perso (pop.) / matto
«Ma sei matto? Stai andando a 80, ma qui si può andare solo a 30!»

richtig • der Richtige
il principe azzurro (pop.)
Tutte le donne sperano di trovare il loro principe azzurro, ma solo poche lo trovano.

richtig • Du kommst gerade richtig.
«Arrivi al momento giusto!» / «Sei proprio la persona che cercavo!»

richtig • Höre ich richtig?
«Ho sentito bene?»

richtig • mit etwas richtig liegen
avere ragione, qc. è giusto
La tua supposizione era giusta, abbiamo risolto il problema.

riechen • Das kann ich doch nicht riechen!
«Non posso saperlo / prevederlo!»

riechen • jmd nicht riechen können
non poter vedere qn. (pop.)
Quel presentatore non lo posso proprio vedere, quando appare lui, cambio subito canale.

Riecher • den richtigen Riecher für etwas haben
avere naso / fiuto per qc. (pop.)
Ha un fiuto fenomenale per gli affari!

Riegel • einer Sache einen Riegel vorschieben
mettere un argine / un freno a qc. (pop.)
Il governo dovrebbe mettere un argine all'inflazione, se no il Paese andrà in rovina.

Riemen • den Riemen enger schnallen
tirare la cinghia (pop.)
Dobbiamo tirare la cinghia se vogliamo andare avanti con uno stipendio solo.

Riemen • sich am Riemen reißen
trattenersi, fare uno sforzo
«Fai uno sforzo, sopportalo almeno questa sera, tanto domani riparte.»

Riesenwirbel • einen Riesenwirbel machen
fare un polverone (pop.)
Molte volte i giornalisti amano fare un gran polverone per delle sciocchezze, solo per vendere qualche copia in più.

Rippen • nichts auf den Rippen haben
essere magro come un'acciuga (pop.) / un chiodo, essere secco come un chiodo (pop.)
«Dai, mangia qualcosa, sei magro come un'acciuga!»

Rippen • Ich kann es mir doch nicht aus den Rippen schneiden.
«Non posso mica fare miracoli!»

Rippen • bei jmd die Rippen zählen können
È magro come un'acciuga / un chiodo. (pop.) / È secco come un chiodo. (pop.)

Ritt • auf einen Ritt
in una volta, in un sol fiato
È riuscita a spegnere 34 candeline tutte in una volta.

Rock • bei jmd am Rockzipfel hängen
essere attaccato alla gonnella di qn. (pop.)
Christian era odiato da tutti i compagni di classe, stava sempre attaccato alla gonnella della maestra.

Röhre • in die Röhre gucken
restare a mani vuote / all'asciutto (pop.), rimanere a bocca asciutta (pop.) / con un palmo di naso (pop.)
Dopo poche ore i biglietti erano già terminati e metà delle persone in fila rimasero a bocca asciutta.

Rohrspatz • schimpfen wie ein Rohrspatz
imprecare come un carrettiere (antiq.), bestemmiare come un turco (pop.)
Lo hanno visto da solo in macchina imbottigliato nel traffico che bestemmiava come un turco.

Rolle • aus der Rolle fallen
comportarsi in modo insolito
«Non ti sembra che Antonio stasera si comporti in modo insolito? Non l'ho mai visto così.»

Rolle • sich in die Rolle von jmd versetzen
mettersi nei panni di qn. (pop.)
Cerca di metterti nei suoi panni, sono sicura che anche tu reagiresti così.

Rom • Viele Wege führen nach Rom. (prov)
Tutte le strade portano / conducono a Roma. (prov.)

Rom • wie im alten Rom
Come ai tempi antichi.

Rom • Rom ist auch nicht an einem Tag erbaut worden. (prov)
Roma non fu costruita in un giorno. (prov.)

rosa • durch die rosarote Brille sehen
guardare con gli occhiali rosa (pop.), vedere tutto il mondo dipinto di rosa (pop.), vedere tutto rose e fiori (pop.)
La vita di coppia non è così facile come la vedi tu che sei innamorato e vedi tutto dipinto di rosa.

Rose • nicht auf Rosen gebettet sein
Non stare su un letto di rose.

Rose • Keine Rosen ohne Dornen.
Non c'è rosa senza spine. (prov.) / Non c'è amore senza amaro. (prov.)

Rosinen • Rosinen im Kopf haben
fantasticare, alzare troppo la mira (pop.), abbandonarsi a grandi progetti
Forse questa volta hai alzato troppo la mira, quella macchina non te la potrai mai permettere.

Ross • auf dem hohen Ross sitzen
essere arrogante / presuntuoso / spavaldo
Quel tipo è troppo arrogante, prima o poi troverà qualcuno che gli darà una bella lezione.

Rosskur • eine Rosskur machen
fare una cura drastica
Per perdere i 30 chili di troppo e tornare un po' più in forma, dovrà fare una cura drastica.

Rostlaube
Auto: un rottame (pop.) / ferro vecchio (pop.) / catorcio (pop.) / macinino (pop.) / una carretta (pop.) / carriola (pop.)
Boot: bagnarola (pop.)
«Quando ti decidi finalmente a vendere quel tuo macinino? Avresti bisogno di una macchina nuova.»

Rotz • Rotz und Wasser heulen
piangere come un vitellino / come una vite tagliata (pop.)
Il film era talmente triste che ho pianto come un vitellino per tutto il tempo.

Rübe • jmd die Rübe abhacken
mozzare la testa a qn. (pop.)
«Se non mi riporta subito la mia moto, gli mozzo la testa.»

Rubel • Der Rubel rollt.
incassare (pop.)
Quel nuovo film farà incassare al cinema molti soldi.

Ruck • sich einen Ruck geben
darsi una mossa (pop.)
Pioveva da ore, ma si diede una mossa e portò fuori il cane.

ruck • das geht ruck, zuck
Ci metto un secondo / attimo / minuto.

Rücken • jmd in den Rücken fallen
pugnalare qn. alle spalle (pop.), attaccare qn. alle spalle
Ci eravamo promessi di mantenere il segreto, ma lui mi pugnalò alle spalle e spifferò tutto.

Rücken • jmd / etwas den Rücken kehren
Person: voltare le spalle a qn.
Proprio nel momento in cui aveva più bisogno la famiglia gli voltò le spalle.

Rückgrat • kein Rückgrat haben
non avere spina dorsale (pop.)
Non gli affiderei mai la conduzione di quel reparto, era un tipo senza spina dorsale.

Rücksicht • ohne Rücksicht auf Verluste
senza badare alle conseguenze
Agimmo senza badare alle conseguenze e fummo severamente puniti.

Ruder • das Ruder fest in der Hand haben
avere in pugno le redini (pop.)
Il capo dei pompieri aveva in pugno le redini e l'incendio fu domato in breve tempo.

Ruder • das Ruder herumwerfen
cambiare rotta
Dopo anni di libri per ragazzi, la casa editrice cambiò rotta e decise di pubblicare romanzi rosa.

Ruder • ans Ruder kommen
salire al potere
Dopo esser salito al potere, Giulio Cesare estese i confini dell'impero romano.

Ruhe • Das lässt mir keine Ruhe.
Questa cosa non mi da pace.

Ruhe • immer mit der Ruhe
Abbi pazienza! / Con calma!

Ruhe • in Ruhe und Frieden leben
vivere in pace
L'unica cosa che voglio è vivere in pace.

Ruhe • die Ruhe vor dem Sturm
la quiete prima della tempesta (pop.)

ruhen • ruhe sanft
auf Grabsteinen: «riposa in pace»

Ruhm • mit etwas keinen Ruhm ernten können
non ottenere alcun riconoscimento
La pittura di Van Gogh non ottenne alcun riconoscimento se non dopo la sua morte.

rühren • nicht daran rühren wollen
Non svegliare il can che dorme. (prov.)

Rummel • einen großen Rummel um jmd / etwas machen
fare un polverone (pop.)
Molte volte i giornalisti amano fare un gran polverone per delle sciocchezze, solo per vendere qualche copia in più.

rund • Jetzt geht's rund!
Si parte!

rund • Auf der Party ging es ganz schön rund.
Alla festa c'era movimento.

Runden • über die Runden kommen
Gesundheit: cavarsela
È rimasto ferito gravemente, ma se la caverà.
Geld: sbarcare il lunario
Deve fare tre lavori diversi per riuscire a sbarcare il lunario alla fine del mese.

Sache • Das tut nichts zur Sache!
Non c'entra niente! (pop.)

Sache • Das ist meine Sache!
Sono affari miei! / Non sono affari tuoi!

Sache • Das ist nicht jedermanns Sache.
Non è per tutti i gusti. (pop.) / Non è da tutti. (pop.)

Sache • seine Sache gut machen
fare un bel lavoro
Aveva fatto davvero un bel lavoro, gli ho dato il doppio della paga normale.

Sache • zur Sache kommen
venire al dunque (pop.) / sodo (pop.)
«Allora, veniamo al dunque, raccontami com'è andata veramente.»

Sache • Sachen gibt's, die gibt's gar nicht.
Non ci crederesti mai.

Sache • nicht bei der Sache sein
essere distratto
Di sicuro se un tipo è distratto non può fare il lavoro di guardiano.

Sack • jmd in den Sack stecken
mettersi qn. in tasca (pop.)
Valentino Rossi si è messo tutti in tasca, anche quest'anno ha vinto il mondiale.

Sack • mit Sack und Pack
con armi e bagagli (pop.)
Li hanno visti partire la mattina presto con armi e bagagli.

Sack • schlimmer als einen Sack voller Flöhe hüten
essere difficilissimo / praticamente impossibile
È praticamente impossibile che stasera riesca ad arrivare in tempo all'appuntamento.

Sackgasse • in eine Sackgasse geraten sein
esser finito in un vicolo cieco (pop.)
Dobbiamo assolutamente cambiare strategia, siamo finiti in un vicolo cieco.

Saft • im eigenen Saft schmoren
cuocere nel proprio brodo (pop.)
È meglio lasciarla cuocere nel proprio brodo, prima o poi capirà dove ha sbagliato.

Saft • ohne Saft und Kraft
senza energia / slancio
Le persone che fanno le cose senza slancio non vengono nemmeno considerate nel mio campo.

sagen • unter uns gesagt
detto fra noi
Detto fra noi, neanche a me Simone è mai piaciuto molto.

sagen • nichts zu sagen haben
non avere niente da dire
«Bene, se nessuno ha niente da dire, possiamo andare avanti con la riunione.»

sagen • sage und schreibe ...
non meno di, nientemeno che

Saite • andere Saiten aufziehen
cambiare musica (pop.) / registro (pop.)
È ora che i ragazzi cambino registro, se continuano così saranno bocciati.

Salat • Da hast du den Salat!
Bel pasticcio! (pop.)

Salz • das Salz in der Suppe
la cosa migliore, la parte interessante
«Certo che è pericoloso, ma è proprio quella la parte interessante del mio lavoro.»

Samt • jmd mit Samthandschuhen anfassen
trattare qn. con i guanti (bianchi) (pop.)
Se non smetteranno di trattarlo con i guanti, quando sarà grande avrà molti problemi.

Sand • wie Sand am Meer
quanti i granelli di sabbia in riva al mare (pop.)
«Smettila di piangere per Riccardo, di ragazzi così ce ne sono quanti i granelli di sabbia in riva al mare.»

Sand • auf Sand gebaut haben
aver costruito sulla sabbia (pop.)
Tutto il progetto era stato costruito sulla sabbia.

Sand • jmd Sand in die Augen streuen
gettare fumo negli occhi a qn. (pop.), gettare la polvere negli occhi di qn. (pop.), far vedere a qn. lucciole per lanterne (pop.)
«Quando vai da lui stai attenta, cercherà di gettarti fumo negli occhi per convincerti ad accettare.»

Sand • Sand ins Getriebe streuen
frapporre ostacoli
Per impedirmi di finire il lavoro in tempo, continuava a frappormi ostacoli.

Sand • im Sand verlaufen
im Sand verlaufen lassen: insabbiare
Quando scoprirono che era coinvolto anche il sindaco, insabbiarono le indagini.

sang • sang- und klanglos verschwinden
sparire / scomparire senza lasciar tracce (pop.)
Dopo tre mesi scomparve senza lasciar tracce.

Sattel • fest im Sattel sitzen
reggersi saldo in sella (pop.), essere in una botte di ferro (pop.)
«Stai tranquilla, se sarà lui il nostro avvocato, siamo in una botte di ferro.»

sattelfest • sattelfest sein
essere sicuro / esperto
Prima di essere esperto nelle traduzioni, devi averne fatte molte.

Sau • unter aller Sau
da cani (pop.), schifoso (pop.)
Era veramente orribile, un film recitato da cani.

Sau • wie eine gesengte Sau
rasen: correre come un dannato (pop.)
Dopo la notizia del parto, corse come un dannato all'ospedale.

sauber • Bleib sauber!
Comportati bene! (pop.) / Fai il bravo! (pop.) / Resta fuori dai guai! (pop.) Non combinare guai! (pop.)

sauer • sauer auf jmd sein
essere arrabbiato (pop.) / incavolato (pop.) con qn., avere il dente avvelenato con qn. (pop.)
Ero arrabbiato con lui, per questo non volevo parlarci.

Saus • in Saus und Braus leben
fare la bella vita (pop.), fare bagordi (pop.), spassarsela
Gli piaceva fare la bella vita, ma un bel giorno i soldi finirono e dovette mettersi a lavorare.

Schach • jmd in Schach halten
tenere qn. in scacco (pop.)
Quel rapinatore era da solo, ma teneva in scacco un'intera squadra di polizia.

Schach • jmd schachmatt setzen
mettere qn. sotto scacco / alle strette (pop.), dare scacco matto a qn.
Dopo quattro ore di interrogatorio lo misero alle strette e confessò tutto.

Schachtel • eine alte Schachtel
una vecchia strega (pop.) / befana (pop.)
Quella vecchia strega della bidella ci ha ancora una volta mandati dal preside.

Schaden • aus Schaden klug werden
Sbagliando s'impara. (prov.)

Schaden • Wer den Schaden hat, braucht für den Spott nicht zu sorgen. (prov)
Chi ha il danno ha pure le beffe. (prov.)

Schaf • das schwarze Schaf sein
essere la pecora nera (pop.)
Sono l'unico che non si è ancora laureato, sono la pecora nera della famiglia.

Schäfchen • sein Schäfchen ins Trockene bringen
mettere da parte un bel gruzzolo (pop.)
Quando avremo messo da parte un bel gruzzolo, lasceremo questa orribile città.

Schalk • den Schalk im Nacken haben
gli si legge la furbizia negli occhi (pop.)
A quella bimba si legge la furbizia negli occhi.

schalten • schnell / langsam schalten
essere veloce / lento a capire
«Ah, ma allora sei lento a capire, te l'ho già detto mille volte che non devi usare il mio telefono!»

schalten • frei schalten und walten können
avere mano libera (pop.) / carta bianca (pop.)
Quando ci affidarono il progetto ci diedero carta bianca, quindi adesso decidiamo noi.

Scham • Ich wollte vor Scham in den Erdboden versinken.
Mi sarei nascosto sotto terra. / Mi sarei sotterrato. / Avrei voluto sprofondare dalla vergogna.

Schande • Mach mir keine Schande!
Non farmi fare brutta figura! (pop.)

Schandtat • zu jeder Schandtat bereit sein
essere della partita (pop.), esserci (pop.)
«Volete fare uno scherzo allo zio? Ci sono anch'io!»

scharf • scharf nachdenken
riflettere bene / a lungo
Dovette riflettere a lungo prima di decidere.

Scharte • eine Scharte auswetzen
fare ammenda, rimediare un errore
Fece ammenda e riparò a proprie spese tutti i danni.

Schatten • nur noch ein Schatten seiner selbst sein
essere l'ombra di se stesso (pop.)
Gianni era l'ombra di se stesso dopo il divorzio.

Schatten • alles in den Schatten stellen
mettere in ombra (pop.), eclissare
Il suo talento era così immenso che metteva in ombra tutti i compagni.

Schatz • nicht für alle Schätze der Welt
non per tutto l'oro del mondo (pop.)
Non venderei la bicicletta di mio nonno per tutto l'oro del mondo.

Schau • jmd die Schau stehlen
rubare la scena a qn.
Fu così brillante che rubò la scena all'ospite d'onore della serata.

Scheibe • Da kannst du dir eine Scheibe abschneiden.
Puoi imparare molto da…
«Non essere presuntuoso, puoi imparare molto da chi ha più esperienza di te.»

Schein • mehr Schein als Sein
L'apparenza inganna. (prov.)

Scheiß • Red keinen Scheiß!
Non dire sciocchezze (pop.) / baggianate (pop.)! / Non dire cavolate (volg.) / cazzate (molto volg.) / minchiate (molto volg.)!

Scheiße • Scheiße bauen
fare una sciocchezza (pop.) / cavolata (pop.) / cagata (volg.) / cazzata (molto volg.) / minchiata (molto volg.)

Schema • nach Schema F vorgehen
procedere come al solito
«Okay, adesso procediamo come al solito, faremo come abbiamo sempre fatto.»

schenken • Das ist geschenkt!
Ma è regalato!

schenken • einer Sache / jmd keinen Glauben schenken
non prestare fede a qn. / qc.
Meglio non prestare fede alle parole di quell'uomo! È un impostore.

scheren • sich nicht um etwas / jmd scheren
fregarsene (pop.)
Non me ne frega niente di lei.

Scherflein • sein Scherflein zu etwas beitragen
dare un obolo a qn. / per qc.
Tutti dovremmo metterci le mani in tasca e dare un obolo se è per una giusta causa.

Scheuklappen • Scheuklappen vor den Augen haben
avere i paraocchi (pop.)
Delle volte sembra che abbia i paraocchi, le opinioni degli altri non lo interessano.

Schicksal • vom Schicksal gestraft sein
essere punito dal destino
Quel poveretto è stato veramente punito dal destino.

Schild • etwas (nichts Gutes) im Schilde führen
tramare qc., macchinare
Il nostro vicino sta tramando qualcosa, sono due sere che vedo strani movimenti.

Schimmer • keinen blassen Schimmer von etwas haben
non avere la più pallida idea di una cosa (pop.)
«È inutile che lo chiedi a me, io non ne ho la più pallida idea.»

Schimpf • mit Schimpf und Schande
con infamia / disonore
Il soldato fu congedato con disonore per aver abbandonato la battaglia.

Schinken • ein alter Schinken (Film, Buch)
un film / libro vecchio
Questo film è proprio vecchio, l'avrò visto cento volte.

Schippe • eine Schippe machen (ziehen)
fare il muso lungo (pop.), tenere il broncio (pop.)
Dopo che i genitori le proibirono di uscire, tenne il broncio tutta la sera.

Schiss • Schiss haben
avere una fifa / paura matta (pop.), farsela addosso dalla paura (pop.)
«Avrei una fifa matta a venire in quella casa di notte.»

Schlag • zum entscheidenden Schlag ausholen
prepararsi al colpo decisivo
Quando la situazione stava per precipitare, la polizia si preparò al colpo decisivo.

Schlag • Schlag bei jmd haben
essere in buoni / cattivi rapporti con qn.
«Non credo di essere la persona giusta per chiedergli questo favore, sono in cattivi rapporti con lui.»

Schlag • ein Schlag ins Kontor
una brutta sorpresa
Col nuovo anno arrivò una brutta sorpresa per tutti: gli affitti furono aumentati del 5%.

Schlag • ein Schlag ins Wasser
un buco nell'acqua (pop.)
Anche questo tentativo è stato un buco nell'acqua, visto che non ha avuto il successo che doveva avere.

schlagen • Ehe ich mich schlagen lasse...
«Se proprio insisti...» (pop.)

Schlamassel • Das ist vielleicht ein Schlamassel.
Che casino! (pop.) / Che baraonda! (pop.)

Schlange • eine falsche Schlange sein
Mann: essere un uomo falso / una serpe (pop.)
È un uomo falso che non merita l'amicizia di nessuno.
Frau: essere una vipera (pop.) / un serpente (pop.)
Nessuno la vuole come amica, è una vipera che non fa altro che spettegolare.

schlau • aus etwas nicht schlau werden
non venire a capo di qc.
«Ti prego, occupati tu di questa faccenda, perchè io non ne vengo a capo.»

Schliff • etwas den letzten Schliff geben
dare gli ultimi ritocchi (pop.) / l'ultimo tocco (pop.) / l'ultima mano (pop.) / limata (pop.) a qc.
Si trasferirono nella casa nuova, anche se dovevano ancora dare gli ultimi ritocchi.

schlimm • Halb so schlimm!
Non è poi così grave!

Schlinge • den Kopf aus der Schlinge ziehen
tirar fuori da un guaio (pop.)
Quando i miei fratellini ne combinavano di tutti i colori, ero sempre io a tirarli fuori dai guai.

Schlips • sich auf den Schlips getreten fühlen
sentirsi offeso
Anche se sicuramente non era sua intenzione, mi sentii profondamente offeso dalle sue parole.

Schlips • in Schlips und Kragen
in ghingheri
«Come sei elegante, ti sei messo in ghingheri per la festa?»

Schloss • jmd hinter Schloss und Riegel bringen
mettere sotto chiave (pop.)
Dopo che quella banda di delinquenti fu messa sotto chiave, in città si viveva più tranquilli.

Schlot • rauchen wie ein Schlot
fumare come un turco (pop.) / una ciminiera (pop.)
Quando si va a casa loro c'è sempre una puzza terribile, fumano come due ciminiere.

Schmiere • Schmiere stehen
fare il palo (pop.)
«Tu farai il palo, appena vedi arrivare la polizia fai un fischio!»

schmieren • wie geschmiert
filare liscio come l'olio (pop.)
L'operazione è filata liscia come l'olio, il paziente si riprenderà presto.

Schnäppchen • ein Schnäppchen machen
trovare delle buone occasioni, fare un affarone
Torneremo in quel negozio a fine stagione: ci saranno i saldi e troveremo delle buone occasioni.

Schnauze • eine große Schnauze haben
essere uno spaccone / smargiasso (pop.)
Quando fa così è proprio uno spaccone, crede di saper fare tutto lui.

Schnauze • die Schnauze halten
chiudere il becco (pop.), stare zitto (pop.)
«Potresti chiudere il becco un secondo? Devo concentrarmi.»

Schneider • frieren wie ein Schneider
avere un freddo cane (pop.)
«Potresti chiudere la finestra? Ho un freddo cane.»

Schnelle • auf die Schnelle
di corsa, alla svelta
«Arrivo subito, prendo un caffè di corsa e vi raggiungo.»

schnuppe • Das ist mir schnuppe!
Me ne importa un fico secco! (pop.) / Me ne infischio altamente! (pop.) / Non me ne frega un cavolo (pop.)

schön • zu schön, um wahr zu sein
È troppo bello per essere vero.

schön • schön und gut
d'accordo

Schornstein • etwas in den Schornstein schreiben können
farci una croce sopra (pop.), scordarsela
Non potremo mai andare in Giamaica, meglio farci una croce sopra.

Schoß • Es fällt mir nichts in den Schoß.
non piovere dal cielo / Chi dorme non piglia pesci. (prov.)
Questo successo non mi è certo piovuto dal cielo.

Schoß • im Schoße der Familie
in seno alla famiglia
Natale lo trascorro sempre in seno alla famiglia, Pasqua con gli amici.

Schraube • eine Schraube locker haben
avere una rotella fuori posto (pop.), non avere tutte le rotelle a posto (pop.)
Quel tizio deve avere una rotella fuori posto, continua a parlare da solo.

Schreck • mit dem Schrecken davonkommen
cavarsela con uno spavento (pop.)
Gianni ha avuto un incidente in motorino, ma non si è ferito, se l'è cavato con uno spavento.

Schreck • der Schreck fährt jmd in die Knochen
sentirsi gelare il sangue nelle vene (pop.)
Quando mi sono trovato quel leone di fronte, mi sono sentito gelare il sangue nelle vene.

Schreck • Der Schreck sitzt mir in den Knochen.
«Mi tremano le ginocchia dallo spavento.»

Schritt • den zweiten vor dem ersten Schritt tun wollen
mettere il carro innanzi / davanti ai buoi (pop.), fare il passo più lungo della gamba

Schritt • auf Schritt und Tritt
ovunque, dappertutto
Il mio nuovo cagnolino è così affettuoso, mi segue davvero ovunque.

Schuh • Wo drückt denn der Schuh?
Qual'è il problema? / Cosa c'è che non va?

Schuh • Umgekehrt wird ein Schuh draus!
È (esattamente) il contrario.

Schuhe • jmd etwas in die Schuhe schieben
scaricare la colpa di qc. addosso a qn.
Non aveva mai coraggio delle proprie azioni, scaricava sempre la colpa dei suoi malestri addosso agli altri.

Schulden • mehr Schulden als Haare auf dem Kopf haben
essere indebitato fin sopra i capelli (pop.) / fino al collo / fino alla punta dei capelli (pop.)
Si è indebitato fin sopra i capelli per comprarsi quella casa.

schuldig • jmd nichts schuldig bleiben
non dovere niente a nessuno
Tutto quello che vedi l'ho ottenuto solo con le mie forze, non devo niente a nessuno.

Schule • Schule machen
far scuola
Il suo esempio fa scuola.

Schule • aus der Schule plaudern
spifferare tutto (pop.)
Nonostante mi avesse promesso di non dire niente a nessuno, ha spifferato tutto dopo solo un'ora.

Schulgeld • Du kannst dir dein Schulgeld wiedergeben lassen.
Non hai imparato proprio niente a scuola.

Schulter • etwas auf die leichte Schulter nehmen
prendere qualcosa sottogamba / alla leggera (pop.)
E' un lavoro pesante e richiede molto impegno. Non è da prendere sottogamba!

Schulter • jmd die kalte Schulter zeigen
trattare qn. con freddezza
Da quando abbiamo avuto quella discussione, mi tratta con freddezza.

Schuss • ein Schuss ins Schwarze
un colpo andato a segno (pop.), fare centro (pop.)
Questa volta hai fatto centro, non avrei saputo trovare di meglio.

Schuster • Schuster, bleib bei deinen Leisten! (prov)
Chi vuol fare l'altrui mestiere, fa la zuppa nel paniere. (prov.)

Schutt • in Schutt und Asche legen
ridurre qc. in cenere (pop.)
Quell'incendio è stato terribile, ha ridotto in cenere un intero quartiere.

Schwalbe • Eine Schwalbe macht noch keinen Sommer. (prov)
Una rondine non fa primavera. (prov.)

Schwamm • Schwamm drüber!
Diamoci un colpo di spugna! (pop.) / Passiamoci la spugna sopra! (pop.)

schwarz • schwarz arbeiten
lavorare in nero (pop.)
I padroni non volevano metterci in regola ed eravamo costretti a lavorare in nero.

schwarz • schwarzfahren
viaggiare senza (fare il) biglietto
Il controllore ci beccò che viaggiavamo senza biglietto e ci fece una multa salatissima.

schwarz • schwarz für jmd / etwas sehen
vedere nero per qc. / qn. (pop.)
«La vedo nera per te! Meglio se lasci stare.»

schwarz • etwas schwarz-weiß malen
semplificare
«Non puoi semplificare una cosa così seria!»

schwarz • Da kannst du warten, bis du schwarz wirst!
Campa cavallo (che l'erba cresce)!

Schweigen • sich in Schweigen hüllen
chiudersi nel silenzio
Dopo la morte del marito si chiuse nel silenzio del suo dolore.

Schweigen • Schweigen ist auch eine Antwort.
Chi tace acconsente. (prov.)

Schwein • Schwein gehabt!
Che culo! (volg.)

Schwein • Schwein haben
avere culo (volg.)
Quella volta ho avuto un gran culo, scoprirono tutti tranne me.

Seele • etwas liegt mir auf der Seele
qc. mi preoccupa
«Questa tua tosse mi preoccupa, dovresti farti visitare da un dottore.»

Seele • sich etwas von der Seele reden
togliersi un peso dal cuore (pop.)
È venuta a casa mia e si è tolta un peso dal cuore, ne aveva proprio bisogno.

Seele • jmd aus der Seele sprechen
rendere pienamente il pensiero di qn.
«Hai reso pienamente il mio pensiero, stavo per dire la stessa cosa.»

Seele • jmd in tiefster Seele verletzen
ferire qn. profondamente nell'intimo
Quel suo comportamento mi ha ferito profondamente nell'intimo.

Seelenruhe • in aller Seelenruhe
in tutta tranquillità, con la massima calma
Dopo aver svuotato le casse del supermercato, i ladri se ne andarono in tutta tranquillità.

Segen • seinen Segen zu etwas geben
dare la benedizione a qn. per qc. (pop.)
Anche se avevamo litigato, mio padre mi diede la benedizione per prendere la patente della moto.

sehen • Da kann man mal sehen!
Si vedrà! (pop.) / Vedremo! (pop.)

sehen • Das kann sich sehen lassen.
Questa sì che è una cosa di cui andare / essere fiero.

sehen • Jeder muss sehen, wo er bleibt.
Aiutati che il ciel t'aiuta. (pop.)

Seifenblase • platzen wie eine Seifenblase
dissolversi come una bolla di sapone (pop.)
Il suo sogno si era dissolto come una bolla di sapone.

Seiltanz • einen Seiltanz vollführen
fare i salti mortali
Ha fatto i salti mortali per convincerlo ad accettare quel contratto ed alla fine c'è riuscito.

Seite • Alles hat zwei Seiten.
Ogni cosa ha i suoi pro e contro. (pop.)

Seite • sich von seiner besten Seite zeigen
far vedere il proprio lato migliore
Quando arrivarono i genitori della sua ragazza, ci tenne a far vedere il proprio lato migliore.

Seitensprung • einen Seitensprung machen
fare una scappatella (pop.)
Dopo che fece l'ennesima scappatella sua moglie lo lasciò.

selbst • Das versteht sich von selbst.
Si capisce. (pop.) / È ovvio. (pop.) / Va da sé. (pop.)

Semmel • weggehen wie warme Semmeln
andare a ruba (pop.)
I loro cd andavano a ruba, erano veramente un gruppo fantastico.

Senf • seinen Senf dazugeben
dover dire sempre la propria (pop.)
Non riesce mai a stare zitto, deve sempre dire la sua.

Sense • Nun ist aber Sense!
«Adesso basta!»

Sesam • Sesam öffne dich!
«Apriti, sesamo!» (pop.)

sicher • so gut wie sicher
praticamente sicuro
Non so ancora al cento per cento se mi danno quel lavoro, ma diciamo che è praticamente sicuro.

Sicherheit • sich in Sicherheit wiegen
credersi al sicuro
Rintanata in casa la gente si credette al sicuro dall'uragano, ma si sbagliò. Metà del quartiere fu spazzato via e ci furono molti feriti.

Sicht • auf lange Sicht
a lungo andare
«Adesso ti sembra il ragazzo giusto, ma a lungo andare ti stuferai di lui.»

Siebensachen • seine Siebensachen packen
prendere le proprie carabattole (pop.), raccogliere i propri stracci (pop.)
Dopo il litigio prese le sue carabattole e lasciò la casa.

Sieg • den Sieg davontragen
portarsi a casa una vittoria
Sembrava una partita impossibile, invece si portarono a casa una vittoria indimenticabile.

Siegel • unter dem Siegel der Verschwiegenheit
in tutta confidenza
Gli raccontai in tutta confidenza ciò che era successo veramente.

siegen • Er kam, sah und siegte.
Veni, vidi, vici. (Giulio Cesare)

Silber • ein Silberstreif am Horizont
una luce alla fine del tunnel (pop.)
Dopo tanta fatica e sacrifici è bello vedere finalmente una luce alla fine del tunnel.

singen • Das kann ich schon singen.
Lo conosco a memoria.

Sinn • Bist du noch bei Sinnen?
Sei impazzito?

sitzen • jmd sitzen lassen
piantare in asso (pop.)
Dopo 25 anni di matrimonio lui la piantò in asso per un'altra donna.

Socke • eine rote Socke sein
essere rosso / un comunista
C'è stato un periodo in cui bisognava essere rossi per trovare un lavoro pubblico.

Socken • sich auf die Socken machen
mettersi in strada / cammino (pop.)
«Sarà meglio se ci mettiamo in cammino, se no si fa troppo tardi.»

spanisch • Das kommt mir spanisch vor.
Qui c'è qualcosa che non va. / La cosa puzza. (pop.) / Gatta ci cova. (pop.) / Qui c'è sotto qualcosa. (pop.) / Il diavolo ci ha messo la coda. (pop.)

Späne • Wo gehobelt wird, fallen Späne. (prov)
Volere la botte piena e la moglie ubriaca. (prov.) / Non si fanno frittate senza rompere le uova. (prov.) / Dove piove ci sono le gocciole. (prov.)

Sparflamme • eine Beziehung auf Sparflamme halten
tenere un rapporto a fiamma minima
Decisi di tenere il nostro rapporto a fiamma minima, la mia ragazza stava diventando un po' troppo ossessiva.

Sparschwein • sein Sparschwein schlachten
rompere il salvadanaio (a forma di maialino)
Ha dovuto rompere il salvadanaio per potersi comprare i suoi fumetti preferiti.

Spaß • ein teurer Spaß
Das war ein teurer Spaß: Ci è costato una fortuna. (pop.)

Spaß • keinen Spaß verstehen
non avere senso dell'umorismo
Caterina non ha senso dell'umorismo, prende sempre tutto sul serio.

Spatz • Besser einen Spatz in der Hand als eine Taube auf dem Dach. (prov)
Meglio un uovo oggi che una gallina domani. (prov.) / Meglio un merlo in mano che due nella siepe. (prov.)

Spatz • Das pfeifen die Spatzen von den Dächern.
È scritto su tutti i muri. (pop.)

Speck • Ran an den Speck!
Coraggio! (pop.) / Forza! (pop.)

Speck • Mit Speck fängt man Mäuse. (prov)
Si pigliano più mosche in una goccia di miele che in un barile di aceto. (prov.)

Spesen • Außer Spesen nichts gewesen…
Il gioco non è valso la candela.

Spiegel • sich etwas hinter den Spiegel stecken können
Das kannst du dir hinter den Spiegel stecken: Ricordatelo!

Spiel • etwas / jmd aus dem Spiel lassen
non coinvolgere qn.
«Non azzardarti a coinvolgere mio figlio nei tuoi sporchi affari!»

Spiel • leichtes Spiel mit etwas / jmd haben
avere gioco facile con qc. / qn. (pop.)
Con lui ha sempre gioco facile, crede a tutto quello che gli si dice.

Spiel • etwas aufs Spiel setzen
mettere in gioco qc. (pop.), rischiare qc.
«C'è poco da scherzare, qui io sto mettendo in gioco la mia reputazione!»

Spießruten • Spießruten laufen
passare sotto le forche caudine (pop.)
Dover fare quel discorso davanti a tutti è stato come passare sotto le forche caudine.

Spitze • einer Sache die Spitze abbrechen / nehmen
attenuare / smussare qc.
Dovresti smussare un po' questo aspetto del tuo carattere, ti impedisce di trovare delle amicizie.

Spitze • etwas auf die Spitze treiben
spingere qc. all'estremo
Per vincere le gare alcune squadre devono spingere le loro macchine all'estremo, rischiando la vita dei piloti.

splitterfasernackt • splitterfasernackt sein
essere nudo come un verme (pop.) / in costume adamitico / come mamma l'ha fatto (pop.)
Sono entrato per fargli una sorpresa e l'ho trovato come mamma l'ha fatto.

Spott • Spott und Hohn ernten
essere lo zimbello
Alle lezioni di ballo è lo zimbello di tutti, non fa altro che cadere.

spotten • das spottet jeder Beschreibung
È inaudito.
È inaudito come il governo sprechi i soldi dei cittadini.

Sprache • Heraus mit der Sprache!
Sputa il rospo! (pop.)

Sprache • jmd verschlägt es die Sprache
rimanere senza parole, a qn. mancano le parole
Quando vide il regalo che gli avevano fatto rimase senza parole dallo stupore.

Sprache • etwas zur Sprache bringen
far cadere il discorso su qc.
Quando lo incontrerò cercherò di far cadere il discorso su quel nostro affare.

Sprache • etwas spricht eine deutliche Sprache
parla chiaro
Il suo atteggiamento parla chiaro, senza dubbi è lui il colpevole.

sprechen • Das spricht für dich.
Questa parla a tuo favore.

Spreu • die Spreu vom Weizen trennen
separare il grano dal loglio (pop.)

springen • etwas springen lassen
pagare / offrire qc.
Oggi ho avuto una giornata fortunata, offro io per tutti.

Spruch • Sprüche klopfen
fare il gradasso (pop.), darsi un peso (pop.)
Tentava di darsi un peso usando parole ricercate, ma si capiva che non sapeva nemmeno di cosa stava parlando.

Sprung • den Sprung ins Ungewisse wagen
fare un salto nel buio (pop.)
Fare quell'investimento è stato come fare un salto nel buio. Però ne è valsa la pena.

Sprung • jmd auf die Sprünge helfen
dare una mano a qn. (pop.)
Ho dato una mano a mio nipote per finire i compiti.

Stab • den Stab über jmd brechen
condannare qn.
Non possiamo condannarlo per essersi comportato così, avremmo fatto tutti la stessa cosa.

Stand • einen schweren Stand haben
trovarsi in una posizione difficile
Mi trovai in una posizione difficile e fui costretto a licenziarlo.

Stange • eine Stange Geld
un sacco / mucchio di soldi (pop.)
La sua nuova moto gli è costata un sacco di soldi.

Stange • jmd bei der Stange halten
sostenere qn.
Proprio adesso che le cose non stanno andando così bene, ha bisogno che lo sosteniamo.

Stange • etwas von der Stange kaufen
comprare vestiti pronti / confezionati
Non sono mai stato da un sarto, ho sempre comprato vestiti confezionati.

Start • einen guten / schlechten Start haben
avere una buona / cattiva partenza
La squadra ha avuto una cattiva partenza, ma vedrete che risalirà posizioni in classifica.

Staub • Staub aufwirbeln
fare scalpore / chiasso
La notizia del matrimonio del principe fece un gran scalpore.

Staub • vor jmd im Staube kriechen
strisciare davanti a qn.
Non striscerò mai davanti a lui solo per avere un prestito.

Stecknadel • eine Stecknadel fallen hören können
non si sente volare una mosca (pop.)
«Senti che pace in questo posto, non si sente volare una mosca.»

Stecknadel • eine Stecknadel im Heuhaufen suchen
cercare un ago in un pagliaio (pop.)
Non la troveremo mai in mezzo a tutta questa gente, è come cercare un ago in un pagliaio.

Stehaufmännchen • ein Stehaufmännchen sein
essere un ottimista incorreggibile
Non perde mai la fiducia, è un ottimista incorreggibile.

stehen • So wahr ich hier stehe...
Com'è vero il sole… (pop.)

stehen • etwas steht und fällt mit ...
dipende da…
Dipende tutto da lui, speriamo che non fallisca.

stehen • sich mit jmd gut / schlecht stehen
essere in buoni / cattivi rapporti con qn.
«Non credo di essere la persona giusta per chiedergli questo favore, sono in cattivi rapporti con lui.»

Stein • da blieb kein Stein auf dem anderen
Era tutto distrutto. / Era tutto in cenere.
Dopo il terremoto era tutto distrutto.

Stein • der Stein des Anstoßes
la pietra dello scandalo
La pietra dello scandalo erano i documenti falsi trovati in casa sua.

Stein • zum Steinerweichen
da far piangere i sassi (pop.), da far pietà ai sassi (antiq.)
La scena di quel neonato abbandonato era da far piangere i sassi.

Stein • bei jmd einen Stein im Brett haben
stare simpatico a qn., entrare nelle grazie di qn.
C'è gente che farebbe di tutto pur di entrare nelle grazie di qualche persona importante.

Stein • Stein und Bein schwören
giurare e spergiurare
Giurò e spergiurò di non essere mai stato in quel posto, ma le foto dimostrarono il contrario.

Stein • Mir fällt ein Stein vom Herzen.
Mi cade un peso dal cuore / dallo stomaco. / Mi si allarga il cuore.

Stelle • Rühr dich nicht von der Stelle.
Non ti muovere. / Rimani dove sei.

Stelle • auf der Stelle treten
segnare il passo
Da quando Onofrio ha lasciato l'ufficio, il progetto sta segnando il passo.

stellen • auf sich selbst gestellt sein
essere abbandonato a se stesso
Dopo la morte dei genitori Marco si trovò abbandonato a se stesso.

sterben • und wenn sie nicht gestorben sind, so leben sie noch heute ...
e vissero tutti felici e contenti…

Sterben • kein Sterbenswörtchen
kein Sterbenswörtchen sagen: rimanere a bocca chiusa (pop.), non dire mezza parola (pop.)
«Mi raccomando, non dire mezza parola, deve rimanere un segreto!»

Stern • etwas steht (noch) in den Sternen
lo sa il cielo (pop.)
Solo il cielo sa se Manuela tornerà a casa.

Stern • unter einem guten Stern geboren sein
esser nato sotto una buona stella (pop.)
È sempre stato in gamba in tutto ciò che faceva, ma non è solo bravura, è nato sotto una buona stella.

Stern • unter keinem guten Stern stehen
nascere sotto cattivi auspici
Il suo progetto è nato sotto cattivi auspici, non credo che riuscirà a realizzarlo.

Stern • für jmd die Sterne vom Himmel holen
rubare le stelle dal cielo per qn. (pop.)
«Non parlarmi così, lo sai che ruberei le stelle dal cielo per te!»

Stich • einen Stich haben
essere un po' tocco / matto (pop.), avere una rotella fuori posto (pop.)
Il nostro insegnante è un po' tocco, fa sempre dei gesti stranissimi quando ci spiega le cose.

Stich • jmd im Stich lassen
piantare qn. in asso (pop.)
Ha tradito suo marito e l'ha piantato in asso lasciandolo solo con i loro due figli.

Stiefel • einen Stiefel vertragen
reggere bene l'alcool
Non ho mai visto nessuno reggere così bene l'alcool, ha bevuto più di tutti e riusciva ancora a stare in piedi.

Stielaugen • Stielaugen machen
far tanto d'occhi (pop.), sgranare gli occhi
Fece tanto d'occhi quando vide passare quella donna con la minigonna.

Stier • den Stier bei den Hörnern packen
prendere il toro per le corna (pop.)
Certe volte è meglio prendere il toro per le corna, altrimenti i problemi non si risolvono.

Stil • im großen Stil
in grande stile
Dopo anni di vittorie diede l'addio al tennis in grande stile, lasciando a tutti un ricordo indimenticabile.

Stimme • die Stimme der Vernunft
la voce della ragione
Faresti meglio ad ascoltare la voce della ragione, invece di farti trasportare dai sentimenti.

Stimme • einer inneren Stimme folgend …
Ascoltando la voce della coscienza…

Stimme • die Stimmen mehren sich, dass ...
Gira voce che… / Si dice che…

Stimme • der Stimme seines Herzens folgen
ascoltare il proprio cuore
Ascoltò il proprio cuore e decise di seguirla in quella nuova avventura.

stinken • Mir stinkt's.
Ne ho le scatole piene. (pop.) / Sono stufo. (pop.)
FF: Mi puzza: Da ist was faul!

stinken • nach Geld stinken
essere straricco (pop.) / pieno di soldi (pop.)
I nostri vicini devono essere straricchi, hanno tre macchine e una Harley Davidson nel loro garage.

stinken • nach Verrat stinken
puzzare di tradimento (pop.)
Questa faccenda puzza di tradimento.

stinkvornehm • stinkvornehm sein
essere molto distinto
È un signore molto distinto, si comporta sempre con modi educati.

Stirn • jmd die Stirn bieten
tener testa a qn.
È stato difficile tenergli testa, aveva degli argomenti veramente validi.

Stirn • jmd steht etwas auf der Stirn geschrieben
aver una cosa scritta in fronte (pop.), leggere qc. in faccia a qn. (pop.)
«È inutile che dici bugie, ti si legge in faccia che sei stata tu!»

Stirn • die Stirn haben, etwas zu tun
avere la sfacciataggine / la faccia tosta di fare qc. (pop.)
Ha avuto la faccia tosta di raccontare che ero stato io a rompere la porta del garage.

stocknüchtern sein
essere sobrio
Era l'unico sobrio, così abbiamo fatto guidare lui.

stocksauer • stocksauer auf jmd wegen etwas sein
essere furioso / furibondo con qn. per qc.
Non ho potuto parlarci, era ancora furioso con me per la faccenda dei soldi.

stopfen • jmd den Mund stopfen
chiudere il becco a qn. (pop.), tappare / cucire la bocca a qn. (pop.)
«Se non la finisci di lamentarti ti cucio la bocca!»

Storch • vom Storch ins Bein gebissen worden sein
avere in cantiere un figlio (pop.), aspettare la cicogna
Dopo soli due mesi di matrimonio aveva già in cantiere un figlio.

strahlen • vor Freude strahlen
illuminarsi dalla gioia (pop.)
Quando ha visto tornare a casa il suo cane, che credeva perduto, le si illuminò il viso dalla gioia.

Straße • Das Geld liegt auf der Straße.
Si fanno soldi facili.

Straße • für etwas auf die Straße gehen
scendere in strada / in piazza per qc. (pop.)
Dopo l'ennesimo taglio degli stipendi, gli operai decisero di scendere in strada per protestare.

Straße • auf die Straße gesetzt werden
esser sbattuto in mezzo alla strada (pop.), esser messo alla porta (pop.)
Dopo la crisi economica furono in molti ad essere sbattuti in mezzo alla strada dalle fabbriche.

Strecke • auf der Strecke bleiben
essere ignorato / trascurato, non essere preso in considerazione
Quando fecero la lista dei possibili candidati, non lo presero in considerazione e lui ci rimase molto male.

Streit • einen Streit vom Zaun brechen
provocare una lite
Lo sciopero dei treni provocò una violenta lite fra i passeggeri e il controllore.

streiten • Wenn zwei sich streiten, freut sich der Dritte. (prov)
Fra i due litiganti, il terzo gode. (prov.)

Strich • Das geht mir gegen den Strich.
Questo non mi va a genio. (pop.)

Strich • jmd einen Strich durch die Rechnung machen
rompere le uova nel paniere a qn. (pop.), guastare la minestra a qn. (pop.)
Ci stavamo divertendo come matti alla festa, poi come al solito arrivarono i miei genitori a romperci le uova nel paniere.

Strich • auf den Strich gehen
battere il marciapiede (pop.)
Batte il marciapiede per guadagnarsi da vivere.

Strich • nur ein Strich (in der Landschaft) sein
essere magro come un'acciuga (pop.) / un chiodo (pop.), essere secco come un chiodo (pop.)
Quando uscì dall'ospedale era magro come un chiodo.

Strick • Dann kann ich mir einen Strick nehmen.
Allora posso mettermi subito una corda al collo. (pop.)

Strick • wenn alle Stricke reißen ...
nel peggiore dei casi, in caso estremo
Nel peggiore dei casi verrò a piedi.

Stroh • nur Stroh im Kopf haben
avere la zucca vuota (pop.), non avere un pizzico di sale in zucca (pop.), avere il cervello in pappa / acqua (pop.)
I genitori fanno bene a non lasciargli la macchina, non ha un pizzico di sale in zucca.

Strohhalm • nach dem rettenden Strohhalm greifen
aggrapparsi a un filo di paglia (pop.)
Per salvare la sua ditta dal fallimento, si è aggrappato a un filo di paglia prendendo un mutuo in banca, ma non è servito a niente.

Stube • Herein in die gute Stube!
Avanti! / Accomodati! / Si accomodi!

Stube • in der Stube hocken
starsene rintanato in casa
Da quando è ingrassata se ne sta rintanata in casa perché si vergogna.

Stück • Das ist ein starkes Stück!
Questa è una bella pretesa! / Questa è forte / bella! (pop.)

Stück • Das ist mein bestes Stück.
Il mio migliore amico. (pop.)

Stück • aus freien Stücken
di propria iniziativa
Visto che la polizia tardava ad arrivare decisero di agire di propria iniziativa.

Stuhl • jmd den Stuhl vor die Tür setzen
mettere alla porta qn. (pop.), cacciare via qn.
Dopo tre mesi di convivenza l'ho messo alla porta, la situazione era diventata insostenibile.

Stuhl • zwischen zwei Stühlen sitzen
essere fra due fuochi (pop.)
Sua moglie vuole una vacanza tranquilla e gli amici l'hanno invitato per un Safari, è veramente fra due fuochi perché vorrebbe andare con gli amici, ma non vuole deludere la moglie.

Stumpf • etwas mit Stumpf und Stiel ausrotten
sradicare, estirpare radicalmente
Il terrorismo è un male che va estirpato a tutti i costi dalla faccia della terra.

Stunde • von Stund an
da quel momento in poi, da allora
Da quel momento in poi non ci siamo mai più parlati.

Stunde • wissen, was die Stunde geschlagen hat
capire cosa dover fare, sapere come comportarsi
Era una situazione delicata e Tanja sapeva bene come comportarsi.

Stunde • seine Stunde kommen / nahen fühlen
sentire che la propria ora sta per venire
Quando i dolori si fecero così frequenti e insopportabili, sentì che la sua ora stava per venire.

Stunk • Stunk machen
far baruffa
È dovuta intervenire l'insegnante per fermare i bambini che stavano facendo baruffa nell'intervallo.

Sturm • gegen etwas Sturm laufen
combattere con tutte le proprie forze
Nelson Mandela combatte il razzismo con tutte le proprie forze.

Sturm • ein Sturm im Wasserglas
una tempesta in un bicchiere d'acqua (pop.)
«Stai facendo una tempesta in un bicchiere d'acqua per una cosa davvero insignificante.»

Sturmschritt • im Sturmschritt
a passo di carica
La polizia arrivò a passo di carica per bloccare i manifestanti.

Suppe • jmd die Suppe versalzen
rompere le uova nel paniere a qn. (pop.), guastare la minestra a qn. (pop.)
Ci stavamo divertendo come matti alla festa, poi è arrivata la polizia a guastarci la minestra.

Süßholz • Süßholz raspeln
fare il cascamorto (pop.)
«È tutta la sera che il tuo amico fa il cascamorto con me! Perché non gli dici di smetterla di disturbarmi?»

Tablett • jmd etwas auf dem silbernen Tablett servieren
servire qc. su un piatto d'argento (pop.)
Non capisco quella ragazza, le hanno offerto quel lavoro su un piatto d'argento e lei ha rifiutato.

Tabula • Tabula rasa machen
fare tabula rasa (pop.)
Dopo aver esaminato le cartelle preparate fino a quel momento, decidemmo di fare tabula rasa e ricominciare daccapo.

Tacheles • mit jmd Tacheles reden
dire chiaro e tondo a qn. (pop.)
Gli ho detto chiaro e tondo che ho bisogno di quei soldi, sicuramente domani me li porterà.

Tag • bis auf den heutigen Tag
a tutt'oggi
A tutt'oggi non ho ancora capito perchè dieci anni fa mi lasciò.

Tag • am hellichten Tage
in pieno giorno
I ladri sono entrati in casa dei nostri vicini in pieno giorno.

Tag • noch ist nicht aller Tage Abend
Non bisogna lodar il bel giorno innanzi sera. (prov.) / Non dire gatto se non l'hai nel sacco. (prov.) / Non cantar vittoria prima del tempo. (prov.)

Tag • etwas an den Tag bringen
portare qc. alla luce (pop.)
I preparativi per la visita del Primo Ministro portarono alla luce il degrado del quartiere.

Tag • auf den Tag genau
esattamente in questo giorno
Ci siamo incontrati per la prima volta esattamente in questo giorno, 20 anni fa.

Tag • seine Tage sind gezählt
avere i giorni contati (pop.)
Non ci sarà molto da aspettare, purtroppo ha i giorni contati.

Tag • einen guten / schlechten Tag haben
avere / essere un giorno «si» / un giorno «no» (pop.)
Oggi è un giorno «no», ho già rotto 4 bicchieri, bruciato l'arrosto e sono scivolata slogandomi un polso!

Tag • in den Tag hineinleben
vivere alla giornata (pop.)
Non faccio mai progetti per il futuro, mi piace vivere alla giornata.

Tag • den lieben, langen Tag lang
tutto il santo giorno (pop.)
Ho provato tutto il santo giorno a chiamarlo, ma non era in casa.

Tag • viel reden, wenn der Tag lang ist
parlare per dar fiato alla bocca (pop.)
Quando usciamo insieme lui non fa che parlare, ma in fondo non dice niente d'interessante, parla per dar fiato alla bocca.

Tag • Man soll den Tag nicht vor dem Abend loben. (prov)
Non bisogna lodar il bel giorno innanzi sera. (prov.) / Non dire gatto se non l'hai nel sacco. (prov.) / Non cantar vittoria prima del tempo. (prov.)

Tag • Es ist nicht alle Tage Sonntag. (prov)
Non tutti i giorni è domenica. (prov.)

Tamtam • ein großes Tamtam machen
prestare troppa attenzione per qc. / qn, fare troppo chiasso attorno a qc.
Si è fatto fin troppo chiasso attorno a quella povera famiglia!

Tante • Tante-Emma-Laden
il negozietto sotto casa (pop.)
Purtroppo i negozietti sotto casa chiudono uno dopo l'altro a causa della concorrenza dei centri commerciali.

Tarantel • wie von der Tarantel gestochen
avere la (essere morso dalla) tarantola (pop.) / avere il ballo di San Vito (pop.)
Sta un po' fermo, non correre così! Ti ha forse morso la tarantola?

Tasche • jmd auf der Tasche liegen
vivere alle spalle di qn. (pop.)
Ha quarant'anni, ma vive ancora alle spalle dei genitori.

Tasche • jmd in die Tasche stecken
mettersi qn. in tasca (pop.), mangiarsi qn. in un boccone (pop.)
Con il suo sorriso e il suo modo di fare accattivante si è messo in tasca tutti i giurati.

Tasse • Hoch die Tassen!
Brindiamo! / Salute!

Tasse • eine trübe Tasse sein
essere una persona noiosa, far venire il latte alle ginocchia (pop.)
Giorgio è così lento e noioso, lavorare con lui mi fa venire il latte alle ginocchia!

Tat • jmd auf frischer Tat ertappen
cogliere qn. in flagrante (pop.) / sul fatto (pop.), prendere / beccare qn. in castagna (pop.), pescare qn. con le mani nel sacco (pop.)
«Sono entrato ho visto i ragazzi bere il whisky, li ho beccati in castagna!»

Tatsache • nackte Tatsachen
i fatti nudi e crudi (pop.)
Il fatto nudo e crudo è che non ho più voglia di vederti!

Tatsache • jmd vor vollendete Tatsachen stellen
mettere qn. di fronte al fatto compiuto
Conoscendo la sua innata pigrizia, l'ho messo davanti al fatto compiuto comprando senza chiedere il suo parere due biglietti per il concerto.

Taubenschlag • Es geht hier zu wie im Taubenschlag.
È un porto di mare.

Taufe • etwas aus der Taufe heben
tenere qc. a battesimo
Il sindaco ha tenuto a battesimo il nuovo Centro Direzionale.

Tee • Abwarten und Tee trinken.
Con calma, non c'è fretta.

Teil • sich seinen Teil denken
avere idee ben precise su qc.
Non ho fatto commenti dopo la sua dichiarazione perché non sarebbe stato diplomatico, ma ho idee ben precise in merito.

Teller • nicht über den eigenen Tellerrand blicken können
non vedere più in là del proprio naso (pop.)
I recenti provvedimenti fiscali del governo dimostrano che non sanno vedere più in là del proprio naso perché faranno sicuramente aumentare il lavoro nero.

Teppich • Nun bleib mal auf dem Teppich!
Ragiona! / Sii realistico! / Rimani con i piedi per terra! (pop.)

Teppich • etwas unter den Teppich fegen / kehren
far passare qc. sotto silenzio (pop.)
Il sindaco aveva accettato denari per far costruire quel ponte, ma la faccenda fu fatta passare sotto silenzio per non creare scandalo.

teuer • Das wird dich teuer zu stehen kommen!
Questa ti costerà cara! (pop.)

Teufel • jmd zum Teufel jagen
mandare qn. a farsi benedire (pop.), mandare qn. al diavolo
Il mio collega mi ha di nuovo chiesto soldi in prestito, ma stavolta l'ho mandato a farsi benedire.

Teufel • den Teufel im Leibe haben
avere il diavolo addosso / in corpo (pop.)
E' un bambino molto vivace, sembra avere il diavolo addosso.

Teufel • Wenn man vom Teufel spricht...
Si parla del diavolo e ne vedi spuntare la coda / le corna... (prov.) / Lupus in fabula. (prov.)

Teufel • Mich muss der Teufel geritten haben!
Non so cosa mi è preso!

Teufel • auf Teufel komm raus
a più non posso (pop.)
Alla festa ha bevuto a più non posso ed ora è ubriaco.

Teufel • in Teufels Küche kommen
mettersi nei pasticci (pop.) / guai (pop.)
Ferdinando si è messo nei guai con la legge rubando in quel grande magazzino.

Teufel • Den Teufel werde ich tun!
Te lo puoi scordare! / Non ci penso neanche!

Theater • Theater machen
fare un dramma (pop.)
Ha fatto un dramma per una sciocchezza gridando e piangendo.

Theater • jmd ein Theater vorspielen
fare la commedia con qn. (pop.)
Smettila di fare la commedia con me, tanto ho capito come stanno le cose.

Thema • Für mich ist das Thema erledigt.
Per me il discorso è chiuso.

Thema • Thema Nr. 1
il tema principale
il tema principale degli italiani la domenica sera è il calcio.

ticken • Du tickst wohl nicht richtig!
Sei fuori di testa! (pop.) / Ma sei scemo? (pop.)

tief • Das lässt tief blicken!
Non c'è altro da aggiungere! / Questo spiega tutto!

tief • tief gesunken sein
essere caduto molto in basso
Era un attore famoso ed ora è caduto molto in basso: per vivere fa la comparsa in film di terz'ordine.

Tiefe • aus der Tiefe seines Herzens
dal profondo del suo cuore
Le sue parole erano molto sincere, si sentiva che venivano dal profondo del suo cuore.

Tiefschlag • jmd einen Tiefschlag versetzen
tirare un colpo basso a qn. (pop.)
Mi ha tirato un colpo basso raccontando davanti alla mia ragazza la brutta figura che avevo fatto il giorno prima in ufficio.

Tier • ein hohes (großes) Tier sein
essere un pezzo grosso (pop.)
Suo padre è un pezzo grosso nella nostra città.

Tier • Jedem Tierchen sein Pläsierchen. (prov)
A ciascuno il suo. (prov.) / Ciascuno a modo suo. (prov.)

Tisch • reinen Tisch machen
far piazza pulita (pop.)
Abbiamo parlato con molta sincerità ed abbiamo fatto finalmente piazza pulita di tutti i malintesi.

Tisch • vom Tisch sein
essere concluso / chiuso
L'incidente è chiuso. Non ne parliamo più!

Tobak • Das ist starker Tobak!
Questa è forte!

Tod • vom Tode gezeichnet sein
segnato dalla morte
Che tristezza vedere, in quel documentario girato in Africa, tutti quei bambini con i volti segnati dalla morte.

Tod • Des einen Tod ist des anderen Brot. (prov)
La morte del lupo è la salute delle pecore. (prov.) / Morte tua, vita mia. (prov.)

Tod • sich den Tod holen
buscarsi un malanno (pop.)
Non uscire senza cappotto o ti buscherai un malanno.

Tod • jmd / etwas auf den Tod nicht ausstehen (leiden) können
non poter soffrire qn. / qc. (pop.)
Non posso soffrire quell'arrogante, quando lo incontro per strada cambio marciapiede.

Tod • über Tod und Teufel reden
parlare di tutto
E' bello ritrovarsi con i vecchi amici ogni tanto e parlare di tutto.

Tomate • Du treulose Tomate!
Bell'amico!

Tomate • rot wie eine Tomate werden
diventare rosso come un peperone (pop.)
E' diventato rosso come un peperone quando gli ho detto che era un bel ragazzo! Non credevo fosse così timido!

Ton • der gute Ton
le buone maniere
Le buone maniere ci insegnano a non usare il telefonino al ristorante.

Ton • Hat man da Töne!
Perbacco! (pop.) / Ma davvero?

Ton • den Ton angeben
fare il buono ed il cattivo tempo (pop.), dominare
E' il padre a fare il buono ed il cattivo tempo a casa, nessuno può decidere qualcosa senza il suo permesso.

Ton • (nicht) den richtigen Ton finden
(non) trovare il tono giusto / la nota giusta
Ha saputo trovare il tono giusto per convincerli.

Ton • jmd in den höchsten Tönen loben
cantare / tessere le lodi di qn.
Quando parla di lei non fa che tesserne le lodi davanti a tutti, ha proprio un'ottima opinione della sua segretaria!

Ton • Der Ton macht die Musik.
È il suono che fa la musica.

Ton • große Töne spucken
darsi delle arie (pop.), peccare di presunzione
Si dà sempre delle arie parlando del suo futuro nel cinema, ma finora non ha ricevuto nemmeno una particina.

Topf • Alles in einen Topf werfen.
fare di ogni erba un fascio (pop.), mettere tutto in un mazzo (pop.) / mucchio (pop.) / nello stesso calderone (pop.)
Le persone intolleranti tendono a fare di ogni erba un fascio e considerare tutti gli albanesi dei criminali.

Toresschluss • kurz vor Toresschluss
all'ultimo minuto, poco prima della chiusura
Va sempre a fare spesa poco prima della chiusura e le commesse devono restare più a lungo a causa sua!

tot • sich totlachen
ridere a crepapelle (pop.)
Il film ieri sera mi ha fatto ridere a crepapelle.

Tour • krumme Touren machen
prendere vie traverse, fare intrallazzi
Non si fa scrupoli di prendere vie traverse per raggiungere quello che vuole.

Tour • etwas auf die sanfte Tour versuchen
provare qc. in modo fine / raffinato
Ha provato a convincerla anche in modo raffinato facendole credere che avrebbe guadagnato molti soldi, ma per fortuna lei non si è fatta convincere.

Touren • auf vollen Touren (laufen)
(andare) a pieni giri (pop.) / pieno regime, essere in pieno corso
I preparativi per la festa erano in pieno corso.

Trab • jmd in Trab halten
tenere occupato, far ballare
Da quando sono diventati nonni, hanno i nipotini a tenerli occupati e non hanno tempo per le malinconie.

Tracht • jmd eine Tracht Prügel verabreichen
dare a qn. una buona dose di legnate (pop.), darle di santa ragione (pop.)
Il padre gli prometteva sempre una buona dose di legnate se non avesse obbedito, ma il più delle volte si fermava alle minacce.

Träne • keine Träne wert sein
non meritare alcun rimpianto / le lacrime di qn.
La perdita di quell'amicizia non merita le tue lacrime, non si è mai comportata come una vera amica con te.

Tränendrüse • auf die Tränendrüse drücken
strappare le lacrime (pop.), Substantiv + strappa lacrime (pop.)
«Love Story» è un vero film strappa lacrime.

Traum • Das hätte ich mir in meinen kühnsten Träumen nicht einfallen lassen.
Non ci avrei pensato nemmeno per sogno.

Traute • keine Traute haben
mancare / non avere il coraggio di…
Vorrei una volta nella vita tuffarmi con il paracadute, ma me ne manca il coraggio.

Treppe • die Treppe hinauffallen
fare carriera inaspettatamente
Nessuno lo avrebbe creduto, lui per primo, ma fece inaspettatamente carriera e guadagnò molto di più.

Treue • auf Treu und Glauben
in buona fede
Ha pagato in buona fede con quella banconota non sapendo che fosse falsa.

Trick • den Trick raus haben
capire il trucco
Ormai ho capito il trucco e riesco anch'io a vincere qualche partita a ping-pong.

trocken • trocken sein
essere sobrio, non aver bevuto
L'ultima cura di disintossicazione sembra funzionare, è sobrio da mesi.

Tropfen • ein Tropfen auf einen heißen Stein
una goccia nel mare (pop.)
La situazione è catastrofica e gli aiuti sono come una goccia nel mare per i contadini alluvionati.

trübe • im Trüben fischen
pescare nel torbido
Per conoscere tutti i segreti del boss, la polizia ha dovuto pescare nel torbido.

Trübsal • Trübsal blasen
essere abbattuto / afflitto
Era così abbattuto che niente e nessuno riusciva a sollevarlo dal suo triste stato.

Trumpf • noch einen Trumpf in der Hand haben
avere ancora un'ultima carta / un'ultima cartuccia (da sparare)
Dopo tre ore di discussione non c'erano né vincitori né vinti, ma lui aveva ancora un'ultima cartuccia per capovolgere la situazione.

Trumpf • alle Trümpfe in der Hand halten
avere il coltello dalla parte del manico (pop.)
«Non hai speranze, non riuscirai ad ottenere niente perché sono io ad avere il coltello dalla parte del manico!»

Tube • auf die Tube drücken
dare gas, premere sull'acceleratore
«Dai! Devi dare gas, sennò non arriveremo mai in tempo!»

Tuch • wie ein rotes Tuch wirken
qc. che fa andare in bestia (pop.)
Il modo migliore per farlo andare in bestia è parlargli della nuova strada statale che attraverserà la sua tenuta.

tun • Da kriegst du es mit mir zu tun!
Te la dovrai vedere con me! (pop.) / Dovrai fare i conti con me! (pop.)

Tüpfelchen • das Tüpfelchen auf dem i
la ciliegina sulla torta (pop.)
È come la ciliegina sulla torta, dopo quella bellissima vacanza, ci hanno confermato quel lavoro tanto atteso.

Tür • offene Türen einrennen
sfondare porte aperte (pop.)
Non devi persuadere me della bontà di questo progetto perché la penso come te, tu sfondi una porta aperta.

Tür • mit der Tür ins Haus fallen
chiedere qualcosa, manifestare un desiderio senza preamboli / senza diplomazia
Forse aveva ragione lui, ma quel suo modo di chiedere senza preamboli e senza un po' di diplomazia lo resero sgradito agli altri.

Tuten • von Tuten und Blasen keine Ahnung haben
non capire un'acca (pop.), non capirci un tubo (pop.), non averne un'idea (pop.), non capirci niente.
Ho letto le istruzioni tre volte, ma non ci capisco niente!

Übel • ein notwendiges Übel sein
essere un male necessario
Le esercitazioni sono un male necessario.

übel • jmd übel mitspielen
giocare un brutto tiro (pop.) / fare del male a qn., giocare sporco con qn. (pop.)
Ha giocato sporco perché aveva promesso di fare l'affare con lui e poi ha venduto ad un altro.

überhören • Das möchte ich überhört haben!
far finta di non sentire
Farò finta di non aver sentito!

überleben • Ich werd's überleben.
Sopravviverò! (pop.) / Non morirò per questo! (pop.)

überleben • Das überleb ich nicht!
Questo è troppo! Questo non lo sopporto!

Überlegung • nach reiflicher Überlegung
dopo averci riflettuto a lungo / dopo matura riflessione
Dopo matura riflessione ho deciso di non partire in aereo, ma di prendere il treno.

übrig • etwas für jmd / eine Sache übrig haben
avere un debole per qn. / una cosa
Ha un debole per Robert Redford, non ha mai perso un suo film.

Übung • Übung macht den Meister. (prov)
L'esercizio è un buon maestro. (prov.) / Chi molto pratica molto impara. (prov.)

Uhl • Des einen Uhl ist des anderen Nachtigall. (prov)
Ciò che piace a uno nuoce a un altro. (prov.) / I gusti son gusti. (pop.)
Non mi piace la giacca che si è comprato, ma i gusti son gusti.

Uhr • seine Uhr ist abgelaufen
Ha i giorni contati. (pop.) / E' venuta la sua ora. (pop.) / La sua ora è suonata. (pop.)
Non ci sarà molto da aspettare, la sua ora è suonata!

Umnachtung • in geistiger Umnachtung
in preda alla follia (pop.), fuori di testa (pop.)
Quando ha compiuto quel gesto insano era in preda alla follia.

ungebunden • frei und ungebunden sein
essere libero e indipendente
Conduce una vita spensierata perché è ancora libero e indipendente.

Ungeschick • Ungeschick lässt grüßen!
Come sei maldestro!

ungeschoren • ungeschoren davonkommen
salvare la pelle (pop.), uscirne illeso
Hanno perso tutto a causa dell'uragano, ma hanno salvato la (loro) pelle.

ungesund • Allzuviel ist ungesund.
Il troppo stroppia. (prov.)

Unglück • Ein Unglück kommt selten allein. (prov)
Le disgrazie non vengono mai sole. (prov.) / Non c'è due senza tre. (prov.) / Un male tira l'altro. (prov.)

ungut • Nichts für ungut!
Senza offesa! / Non se ne abbia male!

Unkenntnis • Unkenntnis schützt vor Strafe nicht. (prov)
Nessuno può invocare a propria scusa l'ignoranza. (prov.)

Unschuld • wie die Unschuld vom Lande
come una contadinella ingenua (pop.)
Quando la vedi per la prima volta ti sembra una contadinella ingenua.

unsterblich • unsterblich verliebt sein
essere perdutamente innamorato (pop.)
E' perdutamente innamorato di sua moglie ed è anche molto geloso.

unten • Der ist unten durch bei mir.
Non ho più alcuna stima di lui.

unten • ganz unten sein
esser giù di morale, sentirsi (proprio) a terra (pop.)
Ho lavorato troppo ultimamente e da stanotte ho anche mal di testa, mi sento proprio a terra.

unten • nicht mehr wissen, was unten und oben (hinten und vorne) ist
non sapere che pesci pigliare (pop.)
Ho una montagna di problemi e non so che pesci pigliare.

unterbuttern • sich nicht unterbuttern lassen
non lasciarsi mettere sotto i piedi da qn.
Ha cominciato a lavorare in quell'azienda da poco tempo, ma non si lascia mettere sotto i piedi dai colleghi più esperti.

unverhofft • Unverhofft kommt oft. (prov)
Le cose capitano quando meno si aspettano. (prov.)

unversucht • nichts unversucht lassen
non lasciare niente d'intentato
I medici non lasciarono niente d'intentato per salvargli la vita.

Ursache • Keine Ursache!
Non c'è di che! (pop.)

Ursache • Kleine Ursachen, große Wirkung. (prov)
Piccola scintilla può bruciare una villa. (prov.)

Usus • Das ist hier so Usus.
Qui si usa così. (pop.)
Tutte le domeniche si mangia con la famiglia, da noi si usa così.

Vandalen • sich aufführen wie die Vandalen
comportarsi come dei vandali
Hanno distrutto tutti i lampioni del parco: si sono comportati come dei vandali.

Vater • Wie der Vater, so der Sohn. (prov)
Tale il padre, tale il figlio. (prov.)

Veilchen • ein Veilchen haben
avere un occhio nero (pop.)
Dopo il litigio con Andrea, si è ritrovato con un occhio nero.

verachten • Das ist nicht zu verachten!
Questo non è da disprezzare!

Verachtung • jmd mit Verachtung strafen
punire qn. con il disprezzo
Dopo che fu licenziato, la moglie lo punì con il disprezzo e non gli rivolse più la parola.

Verbindung • seine Verbindungen spielen lassen
sfruttare le proprie conoscenze
Trovò un posto da usciere al figlio sfruttando le proprie conoscenze.

verbitten • Das verbitt ich mir!
Questo non lo permetto!
Non permetto che si usi questo tono con me!

verborgen • Im Verborgenen blühen
essere un talento nascosto
La madre ammirò stupita il lavoro della figlia realizzando che era veramente un talento nascosto.

verboten • verboten aussehen
essere uno strazio per la vista (pop.)
Vestita così è uno strazio!

Verdacht • etwas auf Verdacht hin tun
fare qc. per sicurezza
Credo che il vino sia sufficiente, ma per sicurezza comprane ancora due bottiglie.

verdammt • Verdammt noch mal!
Maledizione!

Vergleich • der Vergleich hinkt
Il paragone non regge.

verhext • Das ist doch wie verhext!
Sembra stregato (pop.) / come impazzito! (pop.)

Verrat • nach Verrat stinken
puzzare di tradimento (pop.)
Dopo che videro Giorgio parlare sempre più spesso con gli avversari, pensavano che puzzasse di tradimento.

verraten • verraten und verkauft
esser piantato in asso (pop.), essere perduto, essere abbandonato a se stesso
Meno male che quel criminale era stato piantato in asso dai suoi complici, così aveva un motivo per rivelare tutti i loro nomi.

Vers • sich keinen Vers auf etwas machen können
non capirci un'acca (pop.)
«Me lo devi spiegare ancora una volta, non ci capisco un'acca.»

verschonen • Verschone mich damit!
Risparmiamelo!

verschwinden • mal verschwinden müssen
dover andare in bagno
«Scusatemi un attimo, devo andare in bagno.»

Versuch • es auf den Versuch ankommen lassen
Bisogna provare. / Si tratta di provare.

Versuchskaninchen • ein Versuchskaninchen sein
fare da cavia (pop.)
Non potevano rischiare così tanto, avevano bisogno che qualcuno facesse da cavia.

Verzweiflung • jmd zur Verzweiflung treiben
portare qn. alla disperazione, far disperare
Il comportamento di mio figlio è terribile, è così testardo che delle volte mi porta alla disperazione.

vier • auf allen vieren
a quattro zampe, carponi (pop.)
Non so che razza di gioco stessero facendo, ma li trovai tutti e quattro carponi in giro per la stanza che ridevano come dei matti.

vier • alle viere von sich strecken
buttarsi lungo disteso (pop.)
Tornò a casa stanco morto dopo la partita e si buttò lungo disteso sul divano.

Vogel • Friss Vogel, oder stirb!
Prendere o lasciare! (prov.) / O mangiar questa minestra o saltar quella finestra! (prov.) / O bere o affogare! (prov.)

Vogel • ein komischer Vogel sein
essere un tipo strano
Tutti in paese lo evitavano perché era un tipo alquanto strano.

Vogel • jmd einen Vogel zeigen
dare del matto a qn. (pop.)
Se andrà alla riunione con quel cappello in testa, gli daranno sicuramente del matto.

voll • aus dem Vollen schöpfen
spendere e spandere (pop.), spendere a piene mani (pop.)
Non faceva altro che spendere e spandere e in pochi mesi si ritrovò senza un soldo.

vorbeugen • Vorbeugen ist besser als Heilen. (prov)
Meglio prevedere che provvedere. (prov.)

Vordermann • auf Vordermann bringen
<u>Bei Personen:</u> mettere qn. in riga
In quell'ufficio regnava l'anarchia, ma quando arrivò il nuovo direttore mise tutti in riga.
<u>Bei Dingen:</u> rimettere in ordine
Devo rimettere in ordine la casa, stasera abbiamo degli ospiti importanti a cena.

vormachen • sich etwas vormachen
illudersi, prendere lucciole per lanterne (pop.)
Non illuderti, quell'uomo non ti sposerà mai.

vormachen • sich nichts vormachen lassen
non farsi dare a intendere
«Non me la dai a intendere che sei stata a casa tutto il giorno, ho telefonato più volte e non rispondeva nessuno.»

Vorrat • solange der Vorrat reicht ...
Fino a esaurimento delle scorte…

Vorrede • ohne lange Vorrede ...
Senza tanti preamboli…

Vorsicht • Vorsicht ist die Mutter der Porzellankiste. (prov)
Prudenza è madre di sicurezza. (prov.)

Vorspiegelung • die Vorspiegelung falscher Tatsachen
con frode / l'inganno
Non vale la pena avere le cose con l'inganno, prima o poi si scopre sempre la verità.

Vorzeichen • unter schlechtem Vorzeichen stehen
nascere sotto cattivi auspici
Il suo progetto è nato sotto cattivi auspici, non credo che riuscirà a realizzarlo.

Waage • sich die Waage halten
equivalersi
Le due squadre si equivalgono, non saprei dirti chi vincerà.

Waagschale • (seinen Einfluss) in die Waagschale werfen
gettare qc. sul piatto della bilancia (pop.)
Quando gettò sul piatto della bilancia le sue conoscenze nessuno osò più ribattere.

Waffe • die Waffen einer Frau
le armi di una donna (pop.)
Valentina non ci ha messo molto a convincerlo, sa come usare le armi di una donna.

Waffe • jmd mit seinen eigenen Waffen schlagen
abbattere qn. sul suo campo (pop.), battere qn. con le sue armi (pop.)
Credeva di essere il migliore, ma quando fu battuto sul proprio campo, dovette ricredersi.

Wagen • sich (nicht) vor jmds Wagen spannen lassen
(non) farsi aggiogare al carro di nessuno (pop.), non farsi sfruttare
Tutti i giorni le chiedevano di fare gli straordinari non pagati, ma lei rifiutava perché non voleva farsi sfruttare.

wagen • Wer wagt, gewinnt. (prov)
Chi non risica non rosica. (prov.)

Wahl • keine Wahl haben
non avere scelta
Non avevamo scelta, dovevamo andare per forza con loro.

Wahl • Wer die Wahl hat, hat die Qual. (prov)
C'è solo l'imbarazzo della scelta. (pop.)

wahnsinnig • Das kann einen ja wahnsinnig machen!
Ti fa andare fuori di testa!

wahr • so wahr ich hier stehe
Com'è vero il sole… (pop.)

währen • Was lange währt, wird gut. (prov)
Chi la dura la vince. (prov.) / Chi va piano va sano e va lontano. (prov.)

Wahrheit • die nackte Wahrheit
la verità nuda e cruda (pop.)
Alla fine non ho più potuto mentirle e le ho detto la verità nuda e cruda.

Wahrheit • Sie nimmt es mit der Wahrheit nicht so genau.
Prende la verità sottogamba. (pop.) / Non va tanto per il sottile con la verità. (pop.)

Waisenknabe • Gegen ihn bin ich ein Waisenknabe.
In confronto a lui sono un santo. (pop.)

Wald • Ich glaub, ich steh im Wald!
Non ci credo! (pop.) / Ma porca miseria! (pop.)

Wald • Wie man in den Wald hineinruft, so schallt es zurück. (prov.)
Tal sonata, tal ballata. (prov.)

Wald • den Wald vor lauter Bäumen nicht sehen
Vedere gli alberi e non vedere la foresta. (pop.)

Wand • die Wand hochgehen (vor Wut)
scoppiare / crepare dalla rabbia (pop.), montare su tutte le furie (pop.), avere il sangue che bolle nelle vene (pop.)
Quando vide che non fu lei, ma Manuela a vincere il concorso di bellezza, crepò dalla rabbia.

Wand • jmd an die Wand spielen
essere superiore a qn.
Nella corsa non lo batteva nessuno, era superiore a tutti.

Wand • jmd an die Wand stellen
mettere qn. con le spalle al muro (pop.)
Non avrebbe mai voluto chiudere il bar, ma le banche l'hanno messa con le spalle al muro.

Ware • Gute Ware lobt sich selbst.
Il buon vino non vuole frasca. (prov.)

warm • sich jmd warm halten
tenersi buono qn. (pop.)
È meglio che te lo tieni buono, prima o poi ti potrà essere di grande aiuto.

warm • mit jmd (nicht) warm werden können
(non) riuscire ad avere confidenza con qn.
Parlaci tu, io con lui non riesco ad avere confidenza, forse con te si aprirà.

warm • mit etwas (nicht) warm werden können
(non) riuscire ad avere confidenza con qc.
Non c'è niente da fare, con i computer non riesce ad avere confidenza.

warum • das Warum und Weshalb
i perché (pop.), il perché e il percome
Adesso non posso dirti i perché, ti basti sapere che quella sera non ci sarò.

waschen • etwas hat sich gewaschen
etwas ist beeindruckend: qc. è impressionante
I pugni che tira quel pugile sono davvero impressionanti.
etwas ist nicht einfach: qc. è molto difficile
L'ultimo esame è stato particolarmente difficile.

Wäsche • dumm aus der Wäsche gucken
rimanere come un pesce lesso (pop.)
Quando gli ho detto che non sarei uscita con lui, è rimasto lì come un pesce lesso.

Wäsche • seine schmutzige Wäsche in der Öffentlichkeit waschen
lavare i (propri) panni sporchi in piazza (pop.)
È inutile che laviamo i panni sporchi in piazza, appena torneremo a casa ne discuteremo.

waschecht • ein waschechter (Preuß) sein
Beispiel mit Römer: essere un romano d.o.c. (pop.) / autentico / puro, essere un vero romano, essere un romano verace
Ha un dialetto talmente forte che quando parla si sente subito che è un vero romano.

Waschlappen • ein Waschlappen sein
essere una pasta frolla (pop.) / pappa molle (pop.)
Quello lì è proprio un pappa molle, non riesce neanche a difendere la sua donna.

Waschweib • tratschen wie ein altes Waschweib
cianciare / pettegolare come una lavandaia (pop.)
Passano i loro pomeriggi a pettegolare come lavandaie dalla parrucchiera.

Wasser • Die kochen auch nur mit Wasser.
Tutto il mondo è paese. (prov.)

Wasser • Das ist Wasser auf seine / unsere Mühle.
Questo è acqua al suo mulino. (pop.)

Wasser • Bis dahin fließt noch viel Wasser die Spree (ersetzbar durch beliebigen Flussnamen) hinunter.
Ne passerà di acqua sotto i ponti. (pop.)

Wasser • nahe ans Wasser gebaut haben
avere le lacrime in tasca (pop.), avere il pianto facile (pop.)
Sua sorella ha il pianto facile, ogni volta che si emoziona scoppia in lacrime.

Wasser • mit allen Wassern gewaschen sein
essere un furbo matricolato (pop.), essere furbo come una volpe (pop.), essere un volpone (pop.) / furbacchione (pop.)
È furbo come una volpe, anche questa volta troverà il modo di cavarsela.

Wasser • sich über Wasser halten
finanziell: tenersi / rimanere / stare a galla
Per restare a galla ha avuto bisogno di prestiti di diverse banche.

Wasser • jmd läuft das Wasser im Munde zusammen
a qn. viene l'acquolina in bocca (pop.)
A vedere quella porchetta in vetrina dal macellaio le venne l'acquolina in bocca.

Wasser • jmd nicht das Wasser reichen können
non arrivare alle caviglie di qn. (pop.)
È talmente brava nel suo lavoro che nessuno riesce ad arrivarle alle caviglie.

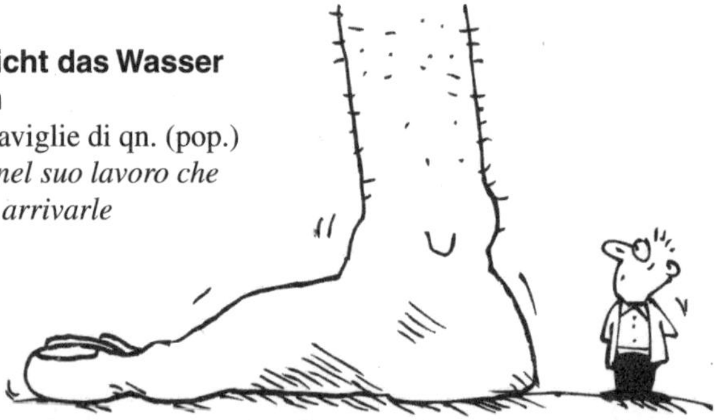

Wasser • Stille Wasser sind tief. (prov)
Acqua cheta rovina i ponti. (prov.) / Sotto la bianca cenere ci sta la brace ardente. (prov.)

Wasserfall • reden wie ein Wasserfall
parlare come una mitraglietta / macchinetta (pop.)
Ogni volta che telefona mi devo mettere seduta, parla come una mitraglietta e mi tiene al telefono delle ore.

wässrig • jmd den Mund wässrig machen
far venire l'acquolina in bocca (pop.)
Quella porchetta in vetrina dal macellaio fa venire l'acquolina in bocca.

Watte • jmd in Watte packen
tenere qn. nella bambagia (pop.)
Se continuate a tenerla nella bambagia, quando crescerà avrà un sacco di problemi.

Wecker • jmd auf den Wecker gehen (fallen)
dare sui nervi a qn. (pop.), rompere le scatole a qn. (pop.)
Le sue continue domande mi danno sui nervi.

Weg • neue Wege beschreiten
prendere nuove strade
Venne il momento di fare qualcosa di nuovo, così prendemmo nuove strade.

Weg • etwas zu Wege bringen
riuscire
Riesce sempre bene in ogni cosa che fa.

Weg • den Weg des geringsten Widerstandes gehen
scegliere la via più facile

Weg • jmd auf halbem Wege entgegenkommen
venire / andare incontro a qn.
Gli dovevo dei soldi, ma mi è venuto incontro e ha cancellato il debito.

Weg • Der gerade Weg ist der kürzeste.
Chi va diritto non fallisce strada. (prov.)

Weg • jmd aus dem Weg räumen / schaffen
togliere di mezzo qn. (pop.)
Era diventato un testimone troppo scomodo, quindi decisero di toglierlo di mezzo.

Weg • jmd nicht über den Weg trauen
diffidare di qn., non fidarsi di qn.
Dovresti diffidare di quei venditori ambulanti, molti sono solo dei truffatori.

Weg • Der Weg zur Hölle ist mit guten Vorsätzen gepflastert. (prov.)
La strada dell'inferno è lastricata di buoni propositi. (prov.)

Weihnachtsgans • jmd ausnehmen wie eine Weihnachtsgans
ripulire / spennare qn. (pop.)
Quella sera al tavolo del poker si sedette un ragazzo giovane ed inesperto, i giocatori professionisti lo spennarono per bene.

Wein • jmd reinen Wein einschenken
dire pane al pane e vino al vino (pop.)
«Guarda, te lo dico pane al pane e vino al vino, non sei per niente tagliato per fare questo lavoro!»

Wein • heimlich Wein trinken und öffentlich Wasser predigen
predicare bene e razzolare male. (prov.)
«Tu predichi bene e razzoli male, mi dici di mettere in ordine la stanza e la tua è la più disordinata di tutte.»

weinen • Es ist zum Weinen.
C'è da piangere.

Weisheit • Behalte deine Weisheiten für dich.
Tienile per te le tue perle di saggezza. (pop.)

Weisheit • der Weisheit letzter Schluss
Questa è la soluzione migliore / perfetta.

Weisheit • Sie tut, als ob sie die Weisheit mit Löffeln gefressen hat.
Si dà arie da sapientona. (pop.)

Weißglut • jmd zur Weißglut bringen
mandare qn. in bestia (pop.) / su tutte le furie (pop.)
Quando si comporta così mi manda su tutte le furie.

weit • Weit gefehlt!
Ti sbagli di grosso!

weit • Das geht zu weit.
Questo è troppo.

weiter • und so weiter und so fort
e via dicendo / discorrendo (pop.), e compagnia bella (pop.), e così via (pop.)
Mio nonno mi raccontava sempre dei vecchi tempi: della sua gioventù, della guerra e via discorrendo…

Weizen • den Weizen von der Spreu trennen
separare il grano dal loglio (pop.)

Wellen • hohe Wellen schlagen
fare scalpore
La notizia delle nozze della rockstar fece un gran scalpore.

Welt • Wer / Warum in aller Welt …?
Wer: Chi diavolo… (pop.)
«Ma chi diavolo è Lei e cosa ci fa in casa mia?»
Warum: Ma perché mai… (pop.)
«Ma perché mai dovrei darti retta?»

Welt • nicht die Welt kosten
non costare un'esagerazione (pop.)
«Fai riparare la tua macchina, non credo che costerà un'esagerazione!»

wennschon • wennschon, dennschon
Quando si è in ballo, bisogna ballare. (prov.) / Già che ci sei… (pop.)

Werk • ein gutes Werk tun
fare un'opera buona
Ho aiutato una vecchietta ad attraversare la strada; sono contenta di aver fatto un'opera buona.

Wespennest • ins Wespennest stechen (greifen)
stuzzicare un formicaio (pop.), scatenare un vespaio (pop.)
Quando rivelarono il nome del compratore, scatenarono un vespaio di polemiche.

Weste • eine weiße Weste haben
essere senza macchia (pop.)
Era convinto di essere senza macchia e affrontò il processo con tranquillità.

Westentasche • etwas wie seine Westentasche kennen
conoscere qc. come le proprie tasche (pop.)
Conosco quella città come le mie tasche, ci vivo da quando sono nata.

Wiege • von der Wiege bis zur Bahre
dalla culla alla tomba (pop.)
La sfortuna lo perseguitò dalla culla alla tomba, ha dovuto lottare duramente per tutta la sua vita.

wickeln • schief gewickelt sein
sbagliarsi
Chi crede di navigare in internet e rimanere anonimo si sbaglia.

Wiese • auf der grünen Wiese
in periferia
Il chiasso del centro lo stressava, quindi si trasferì in periferia.

Wiesel • (flink) wie ein Wiesel
veloce come una lepre (pop.)
Quel ladruncolo era veloce come una lepre, lo rincorrevano in tre e non l'hanno preso.

Wille • Wo ein Wille ist, ist auch ein Weg. (prov)
Volere è potere. (prov.)

Wille • beim besten Willen nicht
neanche per idea (pop.), non c'è verso (pop.)
Non c'era verso di fargli cambiare idea, voleva fare come voleva lui.

Wimper • ohne mit der Wimper zu zucken
senza batter ciglio (pop.), senza fare una piega (pop.)
Ha firmato un assegno da milioni senza batter ciglio, deve essere ricco sfondato.

Wind • ein frischer Wind
aria di novità / cambiamenti
In ufficio c'è aria di cambiamenti, mi sa che qualcuno stamattina farà le valigie.

Wind • Mach nicht so viel Wind!
Non fare tante storie! (pop.)

Wind • Daher weht der Wind!
Ah, ecco cos'è! (pop.) / Ecco il vero motivo! (pop.) / Qui casca l'asino! (pop.)

Wind • jmd den Wind aus den Segeln nehmen
smontare qn., smorzare l'entusiasmo
Non vedevamo l'ora di suonare in quel concerto, ma la vista di quel misero palco ci smontò.

Wind • von etwas Wind bekommen
avere sentore di qc.
Avevo il sentore che qualcosa sarebbe andato storto, quindi abbandonai l'idea.

Wind • Wer Wind sät, wird Sturm ernten. (prov)
Chi semina vento raccoglie tempesta. (prov.)

Wind • in den Wind schlagen
ignorare
Ignorai i consigli di tutti e decisi di fare di testa mia.

Wind • bei Wind und Wetter
con ogni tempo
Lo vedevi lavorare sui campi con ogni tempo, non si fermava mai.

windelweich • jmd windelweich schlagen
picchiare qn. di santa ragione (pop.)
Quei teppisti hanno picchiato di santa ragione il custode che li ha sorpresi a rubare.

Windhund • ein Windhund sein
essere uno scavezzacollo / una persona frivola
Di lui non ci si può fidare, è un vero scavezzacollo.

Windmühle • gegen Windmühlen ankämpfen
combattere contro i mulini a vento (pop.)
Passò tutta la sua vita a combattere contro i mulini a vento, tutta fatica sprecata.

Wink • jmd einen Wink geben
lasciar intendere qc. a qn.
Mi lasciò intendere che non gradiva le mie attenzioni, allora lasciai subito perdere.

Wink • ein Wink mit dem Zaunpfahl
far capire chiaramente qc. a qn.
Mi fece capire chiaramente che non le piacevo e io ci rimasi molto male.

Wirbel • großen Wirbel machen
far tante storie
Fece tante storie per quel ginocchio gonfio e poi si scoprì che era solo una puntura di ape.

Woge • wenn sich die Wogen geglättet haben
quando si saranno calmate le acque (pop.)
Quando si saranno calmate le acque, torneremo qui per venire a prendere il bottino nascosto.

Wolf • Ich fühle mich wie durch den Wolf gedreht.
Mi sento come se mi fosse passato sopra un treno / camion. (pop.)

Wolf • mit den Wölfen heulen
seguire il branco

Wolf • ein Wolf im Schafspelz sein
essere un lupo in veste d'agnello (pop.)
Quell'avvocato ha un aspetto tanto tranquillo, ma è un lupo in veste d'agnello, perché in tribunale è senza scrupoli.

Wolke • aus allen Wolken fallen
cadere / cascare dalle nuvole (pop.)
Quando mia moglie mi ha confessato di avere un amante da tre anni, sono caduto dalle nuvole.

Wolle • sich mit jmd in die Wolle kriegen
prendersi per i capelli (pop.), accapigliarsi
I bambini si accapigliarono per l'ultima fetta della torta di compleanno.

Wort • Das ist ein Wort!
Benissimo! / Perfetto! / Alla grande! (pop.)

Wort • Nichts als Worte!
Tutto fumo, niente arrosto! (pop.)

Wort • Hast du da noch Worte!
È mai possibile?

Wort • jmd das Wort abschneiden
troncare la parola in bocca a qn. (pop.)
Mentre tentava di dare una spiegazione all'accaduto, gli troncai la parola in bocca, perché io c'ero e sapevo esattamente com'erano andate le cose.

Wort • jmd mit leeren Worten abspeisen
liquidare qn. con vane parole (pop.)
Gli operai volevano un aumento di paga, ma il capo li tenne tranquilli liquidandoli con vane parole.

Wort • ein Wort gab das andere
una parola tira l'altra (pop.)
Stavano parlando dei risultati della partita e una parola tira l'altra, hanno finito per fare a pugni.

Wort • jmd das Wort im Munde umdrehen
cambiare le parole in bocca a qn. (pop.), barattare le carte in mano a qn. (pop.)
«Non cambiarmi le parole in bocca, so benissimo cosa ho detto.»

Wort • Schöne Worte machen den Kohl nicht fett.
Delle belle parole non cambiano nulla.

Wort • jmd beim Wort nehmen
prendere qn. in parola
Quando gli promise il suo aiuto lo prese in parola, ma presto scoprì che avrebbe fatto meglio a non contare su di lui.

Wort • Da ist das letzte Wort noch nicht gesprochen.
Non è ancora detta l'ultima parola. (pop.)

Wörtchen • Da habe ich auch noch ein Wörtchen mitzureden.
Qui ho anch'io qualcosa da dire.

Wörtchen • Wenn das Wörtchen wenn nicht wär … (, wär mein Vater Millionär.)
Il se e il ma son due minchioni da Adamo in quà. (prov.)

Wunde • den Finger auf die / (in die offene) Wunde legen
mettere il dito nella piaga (pop.)
«È inutile che metti il dito nella piaga, lo so che ho sbagliato e sto tentando di rimediare.»

Wunde • tiefe Wunden schlagen (bei jmd)
ferire profondamente
Le sue parole mi ferirono profondamente.

Wunder • Das grenzt an ein Wunder.
È un miracolo! (pop.)

wundern • Ich wundere mich über gar nichts mehr.
Non mi stupisco più di niente.

Wunsch • einen Wunsch frei haben
poter esprimere un desiderio
Se potessi esprimere un desiderio, chiederei una bella casa per i miei figli.

Würfel • Die Würfel sind gefallen.
Il dado è tratto. (pop.)

Wurm • Da ist der Wurm drin!
Mi puzza! (pop.) / Questo puzza di bruciato! (pop.) / Qui c'è qualcosa che non va.

Wurst • Jetzt geht's um die Wurst.
È il momento decisivo.

Wurst • Das ist mir Wurscht!
Das interessiert mich nicht: Non me ne potrebbe fregare di meno! (pop.) / Me ne importa un fico secco! (pop.) / Non m'interessa! (pop.)
Für mich ist es egal: Per me è lo stesso! (pop.)

Wurzel • Wurzeln schlagen
mettere radici (pop.)
Avevo l'intenzione di rimanere solo qualche mese, ma poi ho messo radici e ho comprato casa in Italia.

Wüste • jmd in die Wüste schicken
jmd verlassen: lasciare / mollare qn.
Dopo aver scoperto che l'aveva tradita per mesi, l'ha lasciato.

Wut • eine Wut im Bauch haben
avere un diavolo per capello (pop.) / il dente avvelenato (pop.) / il sangue che bolle nelle vene (pop.)
«Non me ne parlare adesso, ho un diavolo per capello, in ufficio è stata una giornata terribile.»

X • jmd ein X für ein U vormachen
far vedere la luna nel pozzo a qn. (pop.)
Con le sue belle parole le fece vedere la luna nel pozzo, ma l'illusione svanì ben presto.

X-Beine • X-Beine haben
avere le gambe a x (pop.)
«Con quelle gambe a x farebbe meglio a non mettersi la minigonna!»

X-mal
cento / mille volte
zum x-ten Mal: per l'ennesima volta
Ho provato mille volte a chiamarlo, ma non ha risposto al telefono.

Zack • auf Zack sein
schlagfertig sein: avere la battuta pronta (pop.)
Irene non la fregherai mai, ha sempre la battuta pronta.
fähig sein: essere in gamba (pop.)
Non cambierei mai il commercialista. Il mio è veramente in gamba e riesce a farmi risparmiare molti soldi.

Zacken • Da wird dir kein Zacken aus der Krone fallen.
Non morirà mica nessuno. (pop.)

Zahl • rote Zahlen schreiben
essere in rosso (pop.)
È in rosso da parecchi anni, temo che presto dichiarerà il fallimento.

Zahn • der Zahn der Zeit
l'oltraggio / le ingiurie del tempo
Le ingiurie del tempo avevano lasciato il segno sulla facciata del castello.

Zahn • einen Zahn drauf haben
correre a tutta birra (pop.) / a grande velocità
Da quando ha comprato l'automobile nuova, gli piace correre a tutta birra per le vie del centro.

Zahn • jmd auf den Zahn fühlen
tastare il polso a qn. (pop.)
«Prima di andare da lui, lascia che ci parli io per tastargli il polso.»

Zahn • ein steiler Zahn sein
essere una bellezza (pop.) / bambola (pop.) / gnocca (volg.) / bella pupa (antiq.)
Tua sorella è proprio una bellezza, in discoteca fanno a gara per ballare con lei.

Zahn • die Zähne zeigen
mostrare i denti / le zanne (pop.), tirare fuori le unghie (pop.)
«È venuto il momento di mostrare i denti, altrimenti tutti continueranno ad approfittare di te.»

Zahn • jmd den Zahn ziehen
togliere (un'illusione) dalla testa a qn.
«Togliti dalla testa di andare in vacanza da sola con la tua amica, hai solo 15 anni!»

Zahn • einen Zahn zulegen
premere sull'acceleratore
«Sarà meglio premere sull'acceleratore se vogliamo arrivare in tempo.»

Zahn • die Zähne zusammenbeißen
stringere i denti (pop.)
Era giunto il momento di stringere i denti, ormai il traguardo era vicino.

Zahnfleisch • auf dem Zahnfleisch gehen
gesundheitlich: essere cotto (pop.) / a pezzi (pop.)
Dopo un viaggio di 20 ore è arrivato direttamente in ufficio ed era a pezzi.
wirtschaftlich: essere rovinato
Ha perso tutti i suoi soldi con il poker, ora è rovinato.

Zauber • ein fauler Zauber
un imbroglio / truffa, una messa in scena
In quel programma è tutto finto, si vede benissimo che è una messa in scena.

zaubern • Ich kann doch nicht zaubern!
Non posso mica far miracoli! (pop.)

Zaum • sich im Zaum halten
controllarsi, dominarsi, frenarsi
Filippo farebbe bene a controllarsi un po' o prima o poi troverà qualcuno che si arrabbia.

Zeche • die Zeche bezahlen müssen
pagare il fio (per il male fatto), pagare lo scotto
Prima o poi dovrà pagare il fio per tutte le sue malefatte.

Zeichen • die Zeichen der Zeit erkennen
leggere la situazione (pop.)
Era una persona in grado di leggere bene la situazione, riusciva sempre a trovare i rimedi giusti.

Zeichen • Es geschehen noch Zeichen und Wunder!
Ma allora i miracoli succedono ancora! (pop.)

Zeit • Alles zu seiner Zeit!
Tutto a suo tempo! (pop.) / Tutto a tempo debito. (pop.)

Zeit • die gute alte Zeit
i vecchi tempi (pop.)

Zeit • Das waren noch Zeiten ...
Quelli sì che erano bei tempi… (pop.)

Zeit • mit der Zeit gehen
andare / stare al passo con i tempi (pop.)
Per stare al passo con i tempi hanno dovuto cambiare la campagna pubblicitaria.

Zeit • Kommt Zeit, kommt Rat. (prov)
Se son rose fioriranno. (prov.)

Zeit • Spare in der Zeit, so hast du in der Not. (prov)
Conservati un pan per la vecchiezza. (prov.) / Chi compera il superfluo, venderà il necessario. (prov.)

Zeit • jmd die Zeit stehlen
rubare il tempo a qn.
Il moderatore non voleva rubare tempo al protagonista della serata, quindi fece una brevissima presentazione.

zeitlich • das Zeitliche segnen
passare a miglior vita
«È inutile che cerchi il vecchio Peppino, è passato a miglior vita tre anni fa.»

Zelt • seine Zelte abbrechen
levare le tende (pop.)
Era giunto il momento di levare le tende, ormai la festa era giunta al capolinea.

Zenit • im Zenit seines Lebens
al culmine della vita
Cadde in guerra proprio al culmine della sua vita.

Zepter • das Zepter schwingen
avere il comando
Il nipote del capo ha il comando in questo ufficio, nessuno può contraddirlo.

Zerreißprobe • jmds Geduld auf die Zerreißprobe stellen
mettere la pazienza di qn. ad una dura prova (pop.)
Il chiacchierare degli alunni mette a dura prova la pazienza degli insegnanti.

Zeter • Zeter und Mordio schreien
um Hilfe schreien: gridare aiuto
La vecchietta gridò aiuto quando le rubarono la borsa.
schimpfen: imprecare, inveire
Imprecò quando gli cadde il martello sul dito del piede.

Zeug • jmd etwas am Zeug flicken wollen
trovare da ridire su qn.
Con Lorenzo è impossibile organizzare qualunque cosa, trova sempre da ridire su tutto.

Zeug • das Zeug zu etwas haben
avere la stoffa di qc.
Ha la stoffa del campione.

Zeug • ... was das Zeug hält
a più non posso
Continuava a gridare a più non posso, ma pareva che nessuno la sentisse.

Zeug • sich ins Zeug legen
bei Arbeit: rimboccarsi le maniche (pop.), darci dentro (pop.)
Se vogliamo finire il lavoro in tempo dobbiamo rimboccarci le maniche.
jmd / etwas unterstützen: farsi in quattro per qn. (pop.)
E' una persona squisitamente gentile, si fa sempre in quattro per tutti.

Zeug • dummes Zeug reden
dire baggianate
«Se non la smetti di dire baggianate, ti mando fuori dalla classe!»

Ziege • eine alte Ziege sein
una vecchia strega (pop.) / befana (pop.)
La nostra vicina è una vecchia befana che non si fa mai gli affari suoi!

ziehen • einen ziehen (fahren) lassen
scoreggiare (volg.), fare una scoreggia (pop.) / un vento (pop.)
«Chi ha scoreggiato? C'è una puzza insopportabile.»

Ziel • übers Ziel hinausschießen
passare il segno
Questa volta ha veramente passato il segno, non credo che riuscirò a perdonarlo.

Zins • jmd etwas mit Zins und Zinseszins zurückgeben / zurückzahlen
ripagare con gli interessi
«Questa volta ci avete battuti, ma nella prossima partita vi ripagheremo con gli interessi.»

Zittern • mit Zittern und Zagen
con pianto e stridor di denti (bibl.)
Ho confessato la verità a mio padre con pianto e stridor di denti.

Zittern • Da hilft weder Zittern noch Zagen.
È inutile aver paura.

Zopf • ein alter Zopf
antiquato, fuori moda
«È un tipo veramente antiquato, pensa che fa ancora il baciamano alle signore.»

Zubrot • ein Zubrot verdienen
guadagnarsi qualche extra
Cerca di guadagnarsi qualche extra dando ripetizioni di matematica.

Zuckerbrot • mit Zuckerbrot und Peitsche
col bastone e con la carota
Ha educato i suoi figli con il bastone e la carota.

zuerst • Wer zuerst kommt, mahlt zuerst. (prov)
Chi prima arriva bene alloggia. (prov.) / negativ: Chi tardi arriva mal alloggia. (prov.)

Zug • Zug um Zug
passo per passo
È un progetto molto delicato, meglio procedere passo per passo.

Zug • Das ist kein schöner Zug von ihm!
Questo non è stato bello da parte sua! / Questo non è stato molto gentile da parte sua!

Zug • in vollen Zügen
pienamente
Per godersi pienamente quel film è meglio vederlo al cinema.

Zug • in den letzten Zügen liegen
bald sterben: spegnersi (pop.)
Il mio cane è ormai molto vecchio, si sta spegnendo lentamente.
mit etwas fast fertig sein: stare per finire (pop.)
«Stiamo per finire il lavoro, ce l'abbiamo fatta finalmente!»

Zügel • die Zügel fest in der Hand halten
tenere / reggere le briglie
Per tenere buoni tutti quei bambini ci vuole una persona che sia in grado di reggere le briglie.

Zumutung • Das ist eine Zumutung!
È una bella pretesa!

Zunder • brennen wie Zunder
bruciare come un fiammifero
In estate il rischio di incendi è altissimo, alcuni boschi sono molto secchi e bruciano come un fiammifero.

Zunge • sich die Zunge abbrechen
dire / pronunciare uno scioglilingua
Quando parlo in russo mi sembra di pronunciare uno scioglilingua.

Zunge • Es liegt mir auf der Zunge.
Ce l'ho sulla punta della lingua. (pop.)

Zunge • sich eher die Zunge abbeißen, als ...
Preferisco mordermi la lingua che…
Preferisco mordermi la lingua che rivelarti il suo nome.

Zunge • seine Zunge im Zaum halten
tenere la lingua a freno
A volte dovrei tenere la lingua a freno, quando parlo combino solo dei guai.

Zünglein • das Zünglein an der Waage sein
essere determinante / decisivo
Non possiamo fare a meno di lui, è un giocatore determinante per la nostra squadra.

zustehen • es steht dir nicht zu ...
Non spetta a te…

Zwang • Tu dir keinen Zwang an!
Non fare complimenti!
Non fare complimenti, se devi andare non ti trattengo!

Zweck • Der Zweck heiligt die Mittel.
Il fine giustifica i mezzi. (prov.)

Zweifel • über jeden Zweifel erhaben sein
essere al di sopra di ogni sospetto
Il maggiordomo era al di sopra di ogni sospetto.

Zweifelsfall • im Zweifelsfall für den Angeklagten
in dubio pro reo (prov. lat.)

Zweig • auf keinen grünen Zweig kommen
non cavare un ragno da un buco (pop.)
Stavo leggendo le istruzioni per la terza volta, ma non riuscivo a cavarne un ragno da un buco.

zweimal • sich etwas nicht zweimal sagen lassen
non farselo dire due volte
«Quando gli offrirono quel viaggio non se lo fece dire due volte e corse a casa per fare le valigie.»

Zwickmühle • in einer Zwickmühle sein
trovarsi fra l'incudine e il martello
Mi trovavo fra l'incudine e il martello, in ufficio avevano bisogno di me, mentre a casa avevo mio figlio che stava male.